Eine kurze Geschichte des Lebens

Ein Einblick in das spirituelle Universum

Yannick Mehren

1. Auflage April 2016
Published by epubli GmbH, Berlin, www.epubli.de

Kontaktdaten:

Alles ist Energie
Yannick Mehren
Plenzenweg 12
41748 Viersen

www.allesistenergie.net
https://www.facebook.com/allesistenergie/
E-Mail: allesistenergie@web.de

Widmung

Diese Publikation widme ich meiner Familie, meinen liebevollen Eltern, die mich fortwährend bei der Verwirklichung meiner Träume und Wünsche unterstützt haben, meinem Bruder, mit dem ich zusammen bewusstseinserweiternde und erkenntnisreiche Jahre verbracht habe, meiner Freundin, die ich vom ganzen Herzen liebe, all meinen Freunden, die mir in allen Lebensphasen immer hilfreich zur Seite standen. Zu guter Letzt widme ich meine Publikation den Menschen, die mich das letzte Jahr unterstützend und wegweisend begleitet haben und einen Teil ihrer kostbaren Zeit meiner täglichen Arbeit gewidmet haben. Ihr seid in dem Zusammenhang meine größte Inspiration.

„Das Atom zerschlägt unseren Wahn von der Realität des Stoffes: Es löst diesen in Schwingungen auf, in schwingende Energie und führt uns hinein in das Reich des Geistes. Da aber der Urgrund allen Geistes das Göttliche ist, so sind wir Gelehrten am Ende und müssen unser Wissen in die Hände der nächsten Instanz geben, in die Hand des Philosophen."

Prof. Dr. Planck

Inhaltsverzeichnis

Vorwort

Schon seit Tausenden von Jahren beschäftigt sich der Großteil der Menschheit mit den gleichen elementaren Fragen. Wieso bin ich eigentlich geboren? Was ist der Sinn des Lebens? Wer oder was ist Gott? Gibt es ein Leben nach dem Tod? Warum existiert das Universum überhaupt und was ist der Sinn meiner Existenz? Ist das ganze Leben nur eine Aneinanderreihung von Zufällen oder folgen wir Menschen indirekt einem großen, verborgenen Plan, der schon immer existierte und alle kosmischen Geschehnisse und Ereignisse birgt? Die größten Denker unserer Zeit philosophierten jahrzehntelang über diese Fragen, doch abseits größerer und kleinerer Erkenntnisse herrschte in den meisten Köpfen dieser Philosophen immer noch eine gravierende Unwissenheit. Nun, auf alle diese Fragen gibt es Antworten. Antworten, die sich derzeit noch der Wahrnehmung einer Vielzahl von Menschen entziehen. Dennoch ist dieses Wissen existent, ja es ist sogar permanent präsent. Sobald wir unser Bewusstsein für dieses unbekannte Terrain öffnen, diese verborgene Quelle wahrnehmen, können wir eine Welt entdecken, die wir in unseren kühnsten Träumen nicht mal erahnt hätten. Genau so erging es mir vor genau anderthalb Jahren. Im April 2014 änderte sich mein Leben von einem Tag auf den anderen Tag. Vor diesem besagten Datum war ich ein eher unwissender und pessimistisch denkender Mensch. Ich verstand das Leben nicht. Häufig versuchte ich mit Hilfe meines Verstandes einige dieser großen Fragen zu beantworten. Dennoch quälten mich diese Fragen sehr, da ich nie zu bahnbrechenden und bewusstseinserweiternden Erkenntnissen gekommen bin. Diese Fragen lösten in mir einen Schmerz aus, da ich immer in der Angst lebte, eines Tages sterben zu müssen, ohne mir selbst diese Fragen beantwortet zu haben. Eine lang Zeit lang passierte nichts. Also beschäftigte ich mich immer seltener mit diesen grundlegenden Fragen. Stattdessen versuchte ich mich in das gesellschaftlich vorgegebene Leben einzugliedern. Ich machte so gesehen das, was die Gesellschaft und der mediale und staatliche Komplex von einem Menschen indirekt verlangt. Gehe zur Schule, absolviere eine Ausbildung oder ein Studium, gehe arbeiten, verdiene Geld, gründe eine Familie und passe dich einem geerbten und bewusst konstruierten Weltbild an! Ich hatte eine aus meiner heutigen Sicht völlig verdrehte Einstellung zum Leben und lebte ein Leben in Angst und Ungewissheit, mit dem einzigen Ziel, eines Tages viel Geld zu verdienen und reich zu sein. Machte ich das damals nur für mich? Natürlich nicht! Hauptsächlich machte ich all diese Dinge, um nach außen hin etwas darstellen zu können. In meiner damaligen Vorstellung war Geld das höchste Gut auf diesem Planeten. Ausschließlich Menschen mit viel Geld waren in meinen Augen etwas besonderes. Diese kranke und teils psychopathische Lebenseinstellung führte natürlich immer zu Konflikten mit meinem sozialen Umfeld. Oftmals erzeugte ich durch diese selbstauferlegte Bürde sehr viel Leid und Streitereien in meinem direkten Umfeld. Ich war lange Zeit ein Mensch, der leicht zu beeinflussen war. Ich ließ mich ausschließlich von der Welt des Geldes und des Erfolges leiten. Obwohl meine Eltern mich völlig anders erzogen haben, handelte ich aus sehr egoistischen Motiven heraus. Das einzige, was für mich in dieser Zeit zählte, war hauptsächlich mein eigenes Wohl, meine Gesundheit und mein Erfolg. Im April 2014 passierte aber etwas, das mein ganzes Leben für immer veränderte und nachhaltig prägte. Eines Abends saß ich mit meinem Bruder zusammen in meinem Zimmer. Wir philosophierten ein wenig über das Leben. Dabei schauten wir uns ein Interview mit dem Kabarettisten Serdar Somuncu an, der in diesem Interview erwähnte, dass der Faschismus in Deutschland immer noch aktiv wäre. In diesem Moment schauten mein Bruder und ich uns wie vom Blitz getroffen an. Aus irgend einem Grund änderte sich in diesem Moment unsere komplette Einstellung zum Leben. Blitzartig schoss uns die Erkenntnis durch den Kopf, dass kein Mensch der Welt das Recht hat, blind wie ein Faschist über das Leben eines anderen Menschen zu urteilen. Urteile schüren nur Hass und daraus resultiert letztlich nur eine innerliche akzeptierte Ausgrenzung gegenüber anderen Menschen. An diesem Abend philosophierten wir stundenlang über das Leben. Wir kamen am Ende des Tages zu der Erkenntnis, dass wir Menschen unter strenger Beachtung unserer eigenen Individualität doch im Grunde genommen alle gleich sind, da wir doch alle aus den gleichen mikrokosmischen Bausteinen des Lebens bestehen. Doch nicht nur wir bestehen aus den gleichen Bausteinen des Lebens, jegliche Materie besteht aus diesem energetischen Konstrukt. Auf der Grundlage dieser Erkenntnis spürten wir eine tiefe Verbundenheit mit allem Leben, was existiert. Wir spürten, dass alles miteinander verbunden ist, dass unser Universum schon immer existiert hat und es unendlich statt endlich ist. Es war damals keine Silhouette, die kurz in unserem Leben erschien und gleich wieder verschwand. Nein, es war viel mehr ein bahnbrechendes Erlebnis, eine Erkenntnis, die unser Denken von Grund auf erschütterte. Genau an diesem Tag begann eine faszinierende Reise, die permanent von Erkenntnissen und Bewusstseinserweiterungen geprägt war. Gleich am darauf folgenden Tag suchte ich im Internet nach Informationen zu diesem abstrakten Erlebnis. Ich wurde natürlich direkt fündig. Da ich am Vortag gelernt hatte, dass man nicht das Recht hat, das Leben eines anderen Menschen zu verurteilen und dass man sich mit allem sachlich auseinandersetzen sollte, anstatt etwas grundlos strikt abzulehnen, zu belächeln oder gar zu verpönen, konnte ich mich vorurteilsfrei mit diesen Thematiken auseinandersetzen. Knapp anderthalb Jahre lang studierte ich darauf hin täglich verschiedene spirituelle, mystische, abstrakte und systemkritische Themengebiete. Ich öffnete mein Bewusstsein für diese faszinierenden Schriften und erkannte auf einmal Zusammenhänge, die mir bisweilen unbekannt waren. Zeitweise herrschte in meinem Kopf ein Informationsüberfluss. Ich brauchte in dieser Zeit sehr viel Ruhe, um das alles zu selektieren bzw. verarbeiten zu können. Natürlich war es anfänglich nicht leicht, die ganzen Dinge genaustens zu verstehen, da man sich ja selber im Leben nie mit diesen Themengebieten befasst hat. Es war schwer einzuordnen, was richtig und was falsch war, was der Wahrheit entsprechen könnte und was eventuell nur an den Haaren herbeigezogen wurde.

Trotzdem spürte ich das ich auf dem richtigen Weg war. Zum ersten Mal in meinem Leben wurde mir bewusst, dass das Leben mehr beinhaltet und dass noch weitere große Veränderungen auf mich zu kommen würden. Wenn ich heutzutage auf diese intensive Zeit zurückblicke, dann erfüllt mich das mit großer Freude. Ich bin einfach sehr glücklich darüber, dass ich mich damals für diesen Weg entschieden habe. Denn all das, was in meinem Leben geschah, macht mich zu der Person, die ich heute bin. Das Wissen rund um die energetischen bzw. feinstofflichen Aspekte des Lebens bereicherten mein Leben ungemein. Heute bin ich sehr erleichtert darüber, dass ich für mich persönlich die meisten großen Fragen des Lebens beantwortet habe. Im Laufe dieser Zeit habe ich verstanden, was Gott ist, was der Sinn des Lebens ist, woraus das Universum besteht, wieso dieses existiert und vor allem, wieso das Leben genau so stattfindet, wie es gegenwärtig ist. Ich verstand außerdem, dass man das Leben vor allem nur dann verstehen und deuten kann, wenn man sich von eigenen geistigen Blockaden freimacht, seinen Geist für das große Mysterium des Lebens öffnet und seine niederen 3-dimensionalen Denkmuster ablegt. Feinfühligkeit ist hier das tragende Stichwort. Anstatt das Wissen eines anderen Menschen zu verurteilen, ist es wichtig, dass man sich sachlich mit dem entsprechendem Wissen auseinander setzt. Genau das ist auch meine Intention. Ich möchte euch meine Ansicht zum Leben erklären, das was ich erlebt habe und das, was ich für mich persönlich als Wahrheit in meiner Realität manifestiert habe. In dem Zusammenhang muss ich allerdings betonen, dass es nicht meine Absicht ist, euch meine Ansichten aufzuzwingen oder euch von meiner Meinung zu überzeugen. Ich möchte euch lediglich die individuelle Ansicht eines Menschen zum Leben aufzeigen. In diesem Sinne wünsche ich euch noch viel Spaß und Kenntnisreichtum beim Lesen meines Buches "Eine kurze Geschichte des Lebens".

Kapitel I: Das energetische Universum

Alles ist Energie

Bereits der bekannte Physiker und Elektroingenieur Nikola Tesla sagte seiner Zeit, dass man in den Begriffen Energie, Frequenz und Schwingung denken sollte, um das Universum verstehen zu können. Mit dieser Ansicht steht Nikola Tesla heutzutage nicht mehr alleine dar. Selbst die konservative Wissenschaft ist mittlerweile an einem Punkt angelangt, an dem sie die Erkenntnis gewonnen hat, dass im Endeffekt alles in Existenz aus schwingender Energie, aus sogenannten Frequenzen besteht. Die physische Präsenz, die wir Menschen irrtümlicherweise als feste und starre Materie wahrnehmen, ist letztlich nur verdichtete Energie; eine schwingende Frequenz, die aufgrund eines dichten energetischen Zustands physisch sichtbar ist. Alle erdenklichen materiellen Zustände wie der Mensch oder auch letztendlich nur die Zelle als kleinster Baustein eines Organismus, das Universum oder die Galaxie, alles besteht aus dieser feinstofflichen Konvergenz. Eine energetische Präsenz, die aufgrund ihrer raumzeitlosen Struktur überall auffindbar ist. Dieses unendliche energetische Gebilde zeichnet das ganze Leben und ist für unser gegenwärtiges Fortbestehen maßgeblich. Ohne dieses feinstoffliche Konstrukt wäre kein Leben möglich. Kein Leben könnte gedeihen, geschweige denn existieren. Dieser energetische Fluss des Lebens ist außerdem dafür verantwortlich, dass alles im Leben miteinander verbunden ist. Tief verankert in der materiellen Hülle von allem Existierenden befindet sich nur noch schwingende Energie. Aus diesem Grund gibt es auch im eigentlichen Sinne keinen leeren Raum. Selbst leer erscheinende Räume wie zum Beispiel der dunkle und luftleere Raum des Universums besteht tief im Inneren ausschließlich aus schwingender Energie. Diese immaterielle Struktur ist für die meisten Menschen nur nicht sichtbar, da diese ein solch hohes oder besser gesagt entdichtetes Schwingungsniveau besitzt, sodass diese sich unserer Sehfähigkeit entzieht. Selbst Albert Einstein musste im 20. Jahrhundert seine ursprüngliche These zum "leeren" Raum des Universums revidieren. In den 20er Jahren korrigierte er seine These, dass der Raum zwischen den Planeten und Sternensystemen (Raum-Äther) ein bereits existierendes energiereiches Meer sei. Doch nicht nur Albert Einstein wusste über das energetische Universum Bescheid. Das Wissen rund um die energetische Urquelle wurde schon mehrfach in verschiedenen Schriften und Abhandlungen erwähnt. Diese Thematik wurde immer wieder von verschiedensten Wissenschaftlern und Philosophen aufgegriffen. In der Hinduistischen Lehre wird diese Urquelle als Prana (Lebensatem, Lebenskraft, Lebensenergie) bezeichnet. In der Chinesischen philosophischen Leere dem Daoismus (Lehre des Weges) bezeichnet man diese Energiequelle wiederum als Qi. In verschiedenen tantrischen Schriften nennt man diese Energie auch Kundalini. Der Psychoanalytiker und Soziologe Wilhelm Reich bezeichnete diese Energie als Orgon, daher stammt auch der Begriff Orgonit. In der heutigen Physik wird dieses energetische Konstrukt auch gerne als Nullpunktenergie oder beziehend auf den gesamten Raum-Äther als Dirac-Meer beschrieben. In der Mathematik spricht man von einem Torus oder einem toroidalen Feld. Weitere Bezeichnungen wären freie Energie, Akasha, Ki, Od, Odem oder Äther. Wie man sieht, berichteten schon sehr verschiedene Kulturkreise von dem energetischen Prinzip des Lebens. Dennoch fällt es den meisten Menschen sehr schwer, wieder ein Bewusstsein für diese Facette des Lebens zu bekommen. Dies hat aber im Grunde nichts mit den Fähigkeiten eines einzelnen Menschen zu tun. Es liegt viel eher daran, dass die meisten Menschen in 3-dimensionalen bzw. materiellen, grobstofflichen Mustern denken, anstatt in immateriellen Mustern. Um aber universelle Mechanismen in ihrer Fülle verstehen zu können, ist es von äußerster Wichtigkeit, das Universum aus einer energetischen Sicht zu betrachten. Wer das macht, der versteht, dass sich die energetischen Teilchen dieser feinstofflichen Grundlage mit einer solch hohen Geschwindigkeit fortbewegen, dass Raumzeit keinerlei Einwirkung darauf mehr haben kann. Die energetische Grundlage dieser Struktur besitzt ein raumzeitloses Schwingungsniveau, eine Frequenz, die sich außerhalb unseres Sichtfeldes befindet. Ein energetischer Zustand, der die Lichtgeschwindigkeit überwunden hat.

Deshalb ist diese energetische Präsenz auch überall existent. Sie unterliegt im Gegensatz zu materiellen Zuständen keinen herkömmlichen Naturgesetzen mehr. Die einzigen Gesetzmäßigkeiten, die auf diese raumzeitlose energetische Konvergenz einwirken, sind die universellen bzw. hermetischen Gesetzmäßigkeiten. Dazu gibt es aber später noch detailliertere Erklärungen. Um ein besseres Verständnis für das energetische Universum zu erlangen, sollte man sich das ganze kosmische Konstrukt wie folgt vorstellen. All das, was schon immer existierte und immer existieren wird, ist reine schwingende Energie. Energetische Zustände, die auf individuellen Frequenzen schwingen. Eine energetische Präsenz, die überall existent ist und jeglichen materiellen Ausdruck zeichnet. Um so höher ein energetischer Zustand dabei schwingt, desto feinstofflicher/lichter ist er. Ein niedrigeres Schwingungsniveau eines energetischen Zustands hat andere Auswirkungen. Der Zustand wird materieller/dichter. Positivität jeglicher Art stellt dabei entdichtete Energie dar. Negativität stellt dichte energetische Zustände dar. Folglich ergibt sich daraus, dass Positivität ein Schwingungsniveau erhöht und in Folge dessen lichter werden lässt. Negativität vermindert ein Schwingungsniveau und lässt es dichter werden.

Die göttliche Präsenz

Das höchste Schwingungsniveau, das in den Weiten der universellen Schöpfung existiert, die sogenannte höchste Instanz, ist Gott. Im Gegensatz zum herkömmlichen Glauben ist Gott keine 3-dimensionale Figur, ein Mensch, der über, unter oder hinter dem Universum existiert und über uns wacht. Diese Vorstellung ist letztlich nur das Resultat unseres suprakausalen Verstandes. Dieser Verstand, auch der egoistische Verstand genannt, hält uns häufig in 3-dimensionalen Mustern gefangen. Er ist im Grunde dafür verantwortlich, dass wir Menschen uns das Universum häufig nur in materiellen Zuständen vorstellen. Um Gott zu verstehen, muss man aber materielle Denkmuster ablegen und immaterielles Denken im eigenen Geiste legitimieren. Wenn man ein solches Denken zulässt und das Leben aus einer 5-dimensionalen Sicht betrachtet, dann stellt man fest, dass Gott bzw. ein Aspekt Gottes die grenzenlose Immaterialität des Lebens darstellt. Aufgrund des feinstofflichen und dem daraus resultierenden raumzeitlosen Zustands ist diese Göttlichkeit überall präsent. Dieses göttliche Grundgerüst gab es schon immer und wird es auch immer geben. Es ist die höchste und zeitgleich verborgenste Ebene der Schöpfung, die man sich vorstellen kann. Alles Existierende

fließt aus dieser höchsten Ebene, aus dieser übergeordneten Dimension heraus und manifestiert sich wiederum grob und feinstofflich in anderen Dimensionalitäten. Vereinfacht lässt sich auch sagen, ein Aspekt zur Existenz Gottes ist die Tatsache, dass er aus der energetisch lichtesten Ebene heraus existiert, diese Ebene darstellt und sich aus dieser Ebene heraus in allen anderen Dimensionalitäten fein und grobstofflich manifestiert.
Die göttliche Struktur ist außerdem raumzeitlos und besitzt keinerlei Polaritäten. In dieser göttlichen Ebene gibt es nämlich keine dualitären Zustände. Man könnte auch sagen, dass dieses energetische Urkonstrukt keine polaritären Aspekte besitzt, da polaritäre Aspekte aus dieser Quelle heraus entstehen. Die höchste Ebene vereint daher beide Aspekte der Polarität. Sie ist weder positiv, noch negativ und beinhaltet dennoch beide Facetten. Von dieser Ebene aus fließt diese Energie "abwärts" in andere Dimensionen hinab und zwar in Dimensionen, die ein immer dichteres Schwingungsniveau aufweisen (die Energie materialisiert sich langsam von innen nach außen). Wiederholt man dieses Schemata, dann gelangt man irgendwann in die Ebene mit der größten Schwingungsdichte. Dies ist die Ebene der materiellen Natur. Man kann also durchaus sagen, dass Materie nichts

anderes ist als physisch manifestierte Göttlichkeit bzw. ein energetisch dichter Zustand. Die höchste Ebene ist vollkommen feinstofflicher Natur, die niedrigste Ebene ist materieller Natur. So verschieden die Ebenen auch sein mögen, im Inneren sind sie dennoch vollkommen identisch. Abseits dieser unterschiedlichen schwingenden energetischen Zustände stellen beide Ebenen ein Abbild des feinstofflichen Kosmos da. Wir Menschen sind daher ein materiell manifestierter Ausdruck einer bereits existierenden Schöpfung. Wir bestehen aus dieser Schöpfung, sind im Grunde diese Schöpfung. Wir kommen aus dieser Schöpfung und gehen in diese Schöpfung wieder hinein. Man könnte auch durchaus sagen, dass der Mensch selber Gott ist, da er in allen existenziellen Aspekten seiner Realität aus dieser feinstofflichen Konvergenz besteht. Der Mensch ist so gesehen selber Gott, ein physisch existenter Ausdruck Gottes, der die Dualität des Lebens erfährt, um aus dem Prinzip einer geistigen Isolation zu lernen. Alles ist eins und eins ist alles. Alles ist Gott und Gott ist alles. All das, was du dir vorstellen kannst, alles was existiert, ist ein individueller Ausdruck einer komplexen Schöpfung. In vielen Schriften wird diese Göttlichkeit auch als Licht oder häufig als Liebe (Licht = männliche Aspekt Gottes / Liebe =

weibliche Aspekt Gottes) beschrieben. Man sagt, dass Liebe die höchste und beständigste Macht im Universum darstellt und dass diese die reine Göttlichkeit wäre. Diese Aussage kommt nicht von ungefähr, denn Liebe ist ja letztlich nichts anderes, als ein stark entdichteter energetischer Zustand. Liebe ist ein wundervolles Gefühl, es ist für menschliches Gedeihen essentiell. Ohne Liebe könnte kein Mensch existieren, denn Liebe ist ein Bedürfnis, nach dem sich jede Zelle eines Menschen sehnt. Jeder Mensch strebt in seinem Leben nach Liebe oder harmonischen, freudvollen Zuständen. Dennoch ist es wichtig zu verstehen, dass Licht und Liebe nicht direkt die höchsten Instanzen im Universum darstellen. Licht und Liebe sind viel mehr die beiden am höchsten schwingenden Aspekte der universellen Existenz, über die sich die Schöpfung ausdrückt. Dies macht auch nochmal sehr deutlich, dass die göttliche Konvergenz vollkommen das Prinzip der Harmonie verkörpert. Licht und Liebe könnte man auch als die ersten polaritären Ausdrucksformen Gottes bezeichnen, die ersten und höchst wirkenden Kräfte, die aus dem intelligenten göttlichen Urgrund entstehen und entstanden sind. Da beide Aspekte aus der göttlichen Konvergenz heraus entstehen, kann man folglich annehmen, dass Gott selber diese beiden Ausdrucksformen verkörpert. Aus diesem Grund ist das energetische Fundament auch eine harmonische Ausdrucksform. Dieses Konstrukt ist die Verkörperung reiner Liebe, Freude, Glück und Frieden, obwohl diese Struktur polaritätslos ist bzw. polaritäre Aspekte vereint. Die Energie kann in ihrer Urform keine andere Struktur annehmen, sie ist ein hochschwingendes, polaritätsloses Konstrukt. So wird es auch immer sein. Wenn man dieses Prinzip verstanden hat, dann versteht man auch, dass Gott nicht für das Leiden auf unserem Planeten verantwortlich ist. Am Ende des Tages sind nur wir Menschen für das bewusst produzierte Chaos auf unserem Planeten Erde verantwortlich, was bedeutet, dass ausschließlich wir Menschen dieses Chaos auch wieder beenden könnten. Da jeder einzelne Mensch Schöpfer seiner eigenen gegenwärtigen Realität ist, wäre auch jeder Mensch in der Lage, sein Leben nach Belieben zu gestalten. Negativität in Form von Hass, Vorurteile, Neid, Gier, Selbsthass, Eifersucht usw. entsteht nicht direkt durch Gott, sondern durch uns Menschen selber, da wir diese "Werte" in unserem Geiste legitimieren und anschließend physisch existent werden lassen. Es gibt im Grunde auch keine Trennung zu Gott. Einige Menschen fühlen sich oft von Gott alleine gelassen, sie sind ein ganzes Leben lang auf der Suche nach ihm. Diese Trennung entsteht aber nur aufgrund unseres niederen Verstandes und der daraus resultierenden Unwissenheit. In Wahrheit sind wir nicht von Gott getrennt. Gott ist permanent präsent und drückt sich bewusst in allem, was existiert, auf individuelle Art und Weise aus. Bewusst ist hier das tragende Stichwort. Denn alles in Existenz entsteht aus unserem Bewusstsein heraus.

Geist herrscht über Materie

Die energetische Struktur, aus der Licht und Liebe bestehen, die höchste Instanz Gottes, ist reiner bewusster Schöpfergeist. Aus diesem Grund haben Licht und Liebe als sehr hoch wirkende Kräfte eine große Bedeutung, da sie aus dem göttlichen Urgrund des intelligenten Schöpfergeistes entstehen. Es sind die höchst schwingenden energetischen Zustände, die der Schöpfergeist erfahren kann bzw. kontinuierlich erfährt. Mit Geist ist Bewusstsein gemeint. Ohne Bewusstsein könnte man Licht und Liebe nicht erfahren. Wenn man kein Bewusstsein besitzen würde, dann wäre es nicht möglich, etwas zu spüren, zu erleben oder gar zu erschaffen. Die göttliche Konvergenz ist daher nichts anderes als bewusster Schöpfergeist, der sich kontinuierlich in allen existenziellen Facetten der universellen Weiten selbst erfährt. Ein gigantisches Bewusstsein, das sich in allen existierenden materiellen und immateriellen Zuständen ausdrückt und sich dabei in Form von Inkarnation, individualisiert und erfährt. Ein göttliches Bewusstsein, das auf sämtlichen makro- und mikrokosmischen Ebenen zum Ausdruck gelangt. Jeder existierende materielle Zustand ist dabei eine Manifestation dieses übergreifenden Bewusstseins. Ein expandierendes Bewusstsein, eingebettet in einem unendlichen, raumzeitlosen Raum, der schon immer existierte und niemals erlischen kann. Viele Kulturkreise sprechen auch in dem Zusammenhang von einem großen Geist, der das Grundgerüst unseres Lebens darstellt. In der traditionellen Religion der algonkinsprachigen Indianer wurde die Welt als ein Ort angesehen, der von einem großen Geist angetrieben wird. Jeder einzelne Mensch ist ein individueller Ausdruck dieses Geistes. Er nutzt bewusst oder unbewusst dessen Fähigkeiten zur Erforschung und Erfahrung des eigenen Lebens. Dabei drückt sich das Bewusstsein auf sehr individuelle Art und Weise in der Natur aus. Ein Stein ist beispielsweise auch nur ein aus Bewusstsein entstandener materieller Ausdruck. Er drückt diesen jedoch aufgrund seiner eingeschränkten physischen

Fähigkeiten auf eine ganz andere Art und Weise aus. Ein Stein kann in dem Sinne nicht sprechen oder sich bewusst bemerkbar machen. Dennoch bekommt er genau mit, was um ihn herum passiert und was mit ihm geschieht. Genau so haben auch Pflanzen ein Bewusstsein. Im Gegensatz zum Stein besitzen Pflanzen aber ausgeprägtere Fähigkeiten, denn Pflanzen besitzen einen Selbsterhaltungstrieb. Sie ernähren sich von Licht, Wasser, Kohlenstoffdioxid und anderen Mikronährstoffen. Sie unterliegen außerdem den Gesetzmäßigkeiten der Fortpflanzung und des Wachstums. Pflanzen besitzen daher ein deutlich ausgeprägteres Bewusstsein. Die nächst höhere Bewusstseinstufe entdeckt man bei Tieren. Tiere besitzen nämlich abseits ihres Fortpflanzungs- und Selbsterhaltungstriebes ein grundlegendes dualitäres Denken. Tiere unterscheiden in Gut und Böse, können emotionale Bindungen eingehen und besitzen soziale Fähigkeiten. Der Mensch besitzt wiederum eine noch höhere Bewusstseinsstufe. Aufgrund dessen hat er deutlich ausgeprägtere Fähigkeiten als alle übrigen Individuen. Im Gegensatz zum Tier ist der Mensch in der Lage, Situationen und Handlungen exakt zu planen. Er besitzt die Fähigkeit, Denkprozesse bewusst zu steuern, Gegebenheiten zu hinterfragen, Geschehnisse rational zu analysieren. Der Mensch besitzt ein deutlich ausgeprägteres Denken in Vergangenheits- und Zukunftsformen. Er kann Dinge reflektieren und futural planen. Außerdem besitzt der Mensch die Fähigkeit, Herr seiner äußeren Umstände zu werden. Jeder einzelne Mensch ist aufgrund seiner bewusst auslebbaren gedanklichen Kräfte Schöpfer seiner eigenen Realität. Sehr häufig gehen wir Menschen davon aus, dass es nur eine allgemeine Realität gibt, mit der wir uns identifizieren. Diese Annahme ist aber schlichtweg falsch, da jeder Mensch zu jeder Zeit Schöpfer seiner eigenen Realität ist. Dies wird mithilfe unseres Bewusstseins und unseren gedanklichen Kräften ermöglicht. Mithilfe unserer Gedanken können wir unsere eigene Realität, unser eigenes Schicksal nach Belieben selbst gestalten. Wir sind in der Lage selbst zu wählen, was wir in unserem Leben machen, was wir denken und wie wir unser eigenes Leben gestalten wollen. Die Gedanken stellen dabei die höchst schöpferisch wirkende Kraft eines jeden Menschen dar. Nur mit Hilfe unserer Gedanken ist es möglich, die eigene gegenwärtige Realität zu verändern. Dies gelingt, in dem man Gedanken physisch existent werden lässt. Um diesen Prozess besser zu verstehen, müssen wir uns einmal genauer mit der Kraft unserer Gedanken beschäftigen.

Unsere Gedanken entspringen aus dem unendlichen Fluss unseres individuell geprägten Bewusstseins. Sie weisen genau wie unser Bewusstsein eine raumzeitlose Struktur auf. Aus diesem Grund ist es relativ einfach sich vorzustellen, was man möchte. Ich kann mir jetzt zum Beispiel einen paradiesischen Strand am Morgen vorstellen, ohne dass Raumzeit dabei einen begrenzenden Einfluss auf meine Gedanken nimmt (dieses Beispiel verdeutlicht nochmal die Vorstellung raumzeitloser Zustände). Innerhalb eines Moments kann ich mir vollständige komplexe Welten vorstellen, ohne dabei in meiner Vorstellungskraft begrenzt zu werden. Dieser schöpferische Vorstellungsprozess geschieht dabei sofort und ohne Umwege innerhalb eines Moments. Aus diesem Grund ist der Gedanke auch die schnellste Konstante im Universum. Nichts kann sich schneller als ein Gedanke bewegen, denn Gedanken sind raumzeitlos, d.h. ständig präsent. Dieser Umstand ermöglicht es uns, mithilfe unserer Gedanken unsere eigene physische Präsenz zu formen. Materielle Zustände entstehen immer aus gedanklichen Strukturen heraus. Dieses Prinzip lässt sich zum Beispiel auch auf dieses Buch, auf meine geschriebenen Worte übertragen, da dieses Buch letztendlich nur das Resultat meiner Gedanken ist. Jedes einzelne Wort, das ich in meinem Buch verewigt habe, war zuerst Teil meines Gedankenkonstruktes, bevor es niedergeschrieben wurde. Das Buch ist daher aus meiner gedanklichen Vorstellungskraft heraus entstanden. Ich habe den Gedanken an mein Buch physisch existent werden lassen. Zuerst existierte nur der Gedanke an das Buch. Als 2. Schritt habe ich dann den Gedanken an das Buch durch mein Schreiben physisch manifestiert. Ich habe mithilfe meiner gedanklichen Fähigkeiten eine neue Realität erschaffen, eine Realität, die sich aufgrund neuer Erfahrungen und Lebenssituationen verändert und erweitert hat. Und genau so funktioniert alles im Leben. Alles in Existenz entspringt ausschließlich aus Gedanken und Bewusstsein. Der Gedanke ist die Grundlage allen Lebens. Jedes vergangene, gegenwärtige und zukünftige Geschehen entsteht nur aufgrund eines gedanklichen Hintergrundes. Wenn jemand durch einen Wald spazieren geht, dann geschieht dies auch nur aufgrund seiner gedanklichen Vorstellungskraft. Zuerst wurde das Szenario feinstofflich erdacht, dann wurde es in die materielle Welt übertragen. Aus diesem Grund gibt es auch keinen Zufall. Zufall ist nur ein Konstrukt unseres niederen unwissenden Verstandes, um eine Erklärung für unerklärliche Geschehnisse zu haben. Man muss aber verstehen, dass es keinen Zufall gibt. Alles entsteht ausschließlich aus bewussten Handlungen heraus. Keine Wirkung kann ohne eine entsprechende Ursache entstehen. Selbst vermeintliches Chaos entsteht aus bewussten Handlungen, aus Bewusstsein heraus. Der Geist herrscht über die Materie. Geist ist die höchste Instanz und Materie ist nur ein Nebenprodukt, das aus dieser gewaltigen Kraft heraus entsteht. Genau so verhält es sich auch mit dem Menschen. Der Mensch ist keine rein statische Masse, ausschließlich bestehend aus Fleisch und Blut bzw. eine "zufällige" Anhäufung von Atomen und anderen mikrokosmischen Bausteinen. Der Mensch ist bewusster Schöpfergeist, ein Bewusstsein, das über den materiellen, physischen Körper herrscht. Viele Menschen identifizieren sich häufig (so erging es mir vor einigen Jahren auch) mit ihrem physischen Körper. Sie glauben, dass dieser ausnahmslos ihre Existenz darstellt und das Materie die höchste Instanz sei. Wir sollten uns aber bewusst machen, dass wir das Bewusstsein sind und dass unsere physische Präsenz aus unseren gedanklichen Kräften heraus entsteht. Der Naturwissenschaftler Pierre Teilhard de Chardin sagte dazu, dass wir keine Menschen sind, die eine spirituelle Erfahrung machen, sondern wir spirituelle Wesen sind, die erfahren, Mensch zu sein. Spiritualität bedeutet Geistigkeit. Folglich ist damit gemeint, dass wir geistige, bewusste Wesen sind, die eine menschliche Erfahrung machen. Abseits der eigenen gegenwärtigen Realität gibt es aber noch eine andere Form der Realität und zwar die kollektive Realität, eine Realität, die durch das menschliche Kollektiv geschaffen wird. Die kollektive Realität bzw. das kollektive Bewusstsein spiegelt dabei den aktuellen Bewusstseinszustand der gegenwärtigen Menschheit wieder. Das, wovon die Masse am meisten überzeugt ist, das, was die Mehrheit der Masse glaubt, manifestiert sich dabei immer als Wahrheit in der kollektiven Realität. Im 17 Jahrhundert fand beispielsweise Isaac Newton heraus, dass es eine Gravitationskraft gibt, eine Anziehungskraft, die zwischen zwei beliebigen Massen / Körpern wirkt. Als diese These publik wurde, verbreitete sich diese Erkenntnis wie ein Lauffeuer. Bereits nach kürzester Zeit gewann das menschliche Kollektiv diese neue Erkenntnis. Fortan herrschte diesbezüglich keine Unwissenheit mehr. Die Menschheit veränderte auf diese Weise den Zustand des kollektiven Bewusstseins. Man könnte auch von einer Erweiterung des kollektiven Bewusstseins sprechen. Im Grunde genommen hat das kollektive Bewusstsein auch nie dem gleichen Stand, da es sich genau wie das menschliche Bewusstsein permanent verändert und weiterentwickelt. Der Mensch ist ein geistiges Wesen, das tief im Inneren mit allem verbunden ist, was existiert. Von daher beeinflussen auch die Gedankengänge einzelner Menschen das Kollektiv. Die eigenen Gedankengänge, das was man selber glaubt und fühlt, die eigenen Einstellungen und Glaubensmuster, üben sogar einen massiven Einfluss auf die kollektive Realität aus. Sobald ein Mensch beispielsweise intensiv über einen Gedankengang nachdenkt oder eine neue Erkenntnis erlangt, überträgt sich dieses neue Wissen in relativ kurzer Zeit auf andere Menschen in der kollektiven Realität. In der Regel sind das dann Menschen, die über einen ähnlichen Sachverhalt nachgedacht haben. Der Gedanke des einen Menschen beeinflusst so gesehen die Gedankenwelt eines anderen Menschen. Je mehr Menschen dann über den entsprechenden Gedankengang nachdenken und von diesem überzeugt sind, desto stärker manifestiert sich dieses Denken im kollektiven Bewusstsein. Dies geschieht, da man ja selbst Teil der kollektiven Realität ist und umgekehrt. Wenn jemand heraus findet, dass man beispielsweise Schöpfer der eigenen Realität ist, dann überträgt sich dieser Gedanke auf die Realität anderer Menschen und zwar auf Menschen, die eine ähnliche Bewusstseinstufe besitzen.

Dieser Prozess kann dann sogar eine Kettenreaktion auslösen und dafür sorgen, dass sich schlagartig immer mehr Menschen mit dem entsprechendem Gedankengut auseinandersetzen. Eine große Anzahl an Menschen wird dann zwangsläufig in ihrer Realität mit diesem Wissen konfrontiert. Allein die Erkenntnis darüber, dass das eigene Denken das kollektive Bewusstsein beeinflusst, verändert das kollektive Bewusstsein. Dieser Aspekt des Menschen zeigt wieder einmal, wie machtvoll er ist, denn wir besitzen die Fähigkeit, das Kollektiv mit der Kraft unseres Geistes zu verändern. Mit unserem Bewusstsein haben wir aber nicht nur Einfluss auf die kollektive Realität, sondern wir haben zusätzlich einen starken Einfluss auf unseren eigenen Körper. Geist herrscht über Physis. Deshalb sind wir Menschen auch Herrscher unseres eigenen Körpers. Wir sind selber in unserem Leben dafür verantwortlich, ob uns „Glück“ oder Unglück“ widerfährt, ob wir gesund oder krank sind, zufrieden oder unzufrieden. Dabei ist die strukturelle Beschaffenheit unserer Gedanken ausschlaggebend für unser eigenes Wohlbefinden. Das, woran man glaubt, wovon man vollkommen überzeugt ist, manifestiert sich immer in der eigenen Realität. Wenn man zum Beispiel der festen Überzeugung ist, dass man krank wird, dann wird dies auch mit aller

Wahrscheinlichkeit geschehen. Wir haben dann durch unsere feste Überzeugung dafür gesorgt, dass die entsprechende Krankheit, die sich in unserem Gedankengut manifestiert hat, auch tatsächlich eintritt. Stell dir vor, du müsstest ein Schluck Wasser aus einer Pfütze trinken. Im Normalfall würde dir dein Unterbewusstsein dabei automatisch suggerieren, dass du davon sehr wahrscheinlich krank wirst. Sobald dies geschieht, hat man die Möglichkeit, sich auf diesen Gedanken einzulassen. Man steigert sich in diesen Gedanken hinein und hält diesen Gedanken durchaus für real. Durch diese gedankliche Akzeptierung sorgt man dafür, dass man eventuell durch das Pfützenwasser, das man getrunken hat, krank werden könnte, da man ja selber die Vorstellung an eine Krankheit im eigenen Geiste legitimiert (Man verdichtet durch den Gedanken an die Krankheit den eigenen energetischen Zustand). Um diese unterbewusste Programmierung abzuändern, muss man sich selber beim Erscheinen dieser konditionierten Gedankengänge klar machen, dass dem nicht so ist, dass man aufgrund der gedanklichen Kraft und der Selbstheilungskräfte nicht krank werden kann. Wenn man diesen Prozess mehrmals wiederholen würde, dann würde das Unterbewusstsein irgendwann keine Gedanken an

Krankheiten mehr zulassen. Es wäre wieder viel mehr Platz und Raum für Gedanken vorhanden, die sich mit dem Phänomen der Heilung auseinandersetzen würden. Würde man also Wasser aus einer Pfütze trinken, dann würde das Unterbewusstsein automatisch Gedanken an Gesundheit aufkommen lassen. Man würde sich dann selber sagen: „Moment mal, könnte ich durch das Wasser krank werden? Natürlich nicht, ich bin gesund und werde es auch weiterhin bleiben. Krankheiten können sich in meinem Körper nicht manifestieren, da ich vollkommen gesund bin und nicht an irgendeiner Krankheit erkranken kann." Man richtet dann sein Bewusstsein nicht mehr auf den Gedanken der Krankheit, sondern auf Gedanken der Gesundheit/Heilung. Durch diesen Prozess hat man die eigene Realität verändert, man hat im Grunde eine neue Realität geschaffen, in der man nicht mehr krank werden kann bzw. eine Realität, in der man sich selber nicht mehr durch negative Gedanken, in diesem Fall Gedanken an die Krankheit vergiftet (aus genau diesem Grund entfalten Placebos bei Menschen, die davon überzeugt sind, eine entsprechende Wirkung). Das Universum reagiert halt immer auf die Vorstellungen und Wünsche eines jeden Menschen. Dementsprechend sollte man immer auf die Qualität der eigenen Gedanken achten, denn unsere

Gedanken sind hauptverantwortlich für unsere eigene psychische und physische Konstitution. Die Hauptursache einer Krankheit liegt immer im energetischen, gedanklichen Feld eines Menschen. Sobald der energetische Körper eines Menschen überlastet ist, wälzt dieser die Verunreinigung auf den physischen Körper ab. Die Folge ist ein geschwächtes Immunsystem, das den Ausbruch von Krankheiten begünstigt. Das energetische System eines Menschen kann aber nur überlasten, wenn es mit dichter Energie gespeist wird. Dadurch verdichtet sich der eigene energetische Zustand was zur Folge hat, dass Energie nicht mehr frei fließen kann. Da die komplette Existenz eines Menschen ausschließlich aus schwingender Energie besteht (das Bewusstsein, die Realität, die Gedanken, Worte und Taten sind am Ende des Tages ausschließlich energetische Zustände), ist es aber möglich, das eigene Schwingungsniveau mit Hilfe des eigenen Geistes zu entdichten. Um dies zu erreichen, sollte man aber erst einmal energetisch dichte und entdichtete Zustände verstehen. Ein dichter energetischer Zustand ist letztlich nur das Resultat von negativen Gedanken und Empfindungen. Angst, Trauer, Wut, Hass, Neid, Eifersucht, Missgunst und Gier sind beispielsweise energetisch dichte Zustände. Sobald man eine dieser

Empfindungen im eigenen Geiste zulässt, lässt diese Legitimierung sofort das eigene Schwingungsniveau verdichten. Deshalb ist es für die eigene Gesundheit von Vorteil, dass man sich von diesen selbst auferlegten Bürden befreit. Gedanken dieser Art schaden indirekt nur der eigenen Existenz. Natürlich haben auch energetisch dichte Zustände bzw. negative Gedankenmuster ihre Berechtigung. Diese negativen Aspekte sind wichtig, um aus diesen zu lernen, um das dualitäre Prinzip des Lebens verstehen zu können. Würde es keine negativen Empfindungen geben, so würde der Mensch positive Empfindungen nicht zu schätzen wissen. Wie sollte man beispielsweise Liebe als etwas Besonderes anerkennen, wenn es in dem Zusammenhang überall nur Liebe gäbe. Die Liebe wäre dann nichts Besonderes mehr, sie wäre dann ausschließlich eine unbedeutende Normalität. Polaritäre Erfahrungen sind daher sehr wichtig für die eigene geistige Reife. Nur wenn man eine negative Erfahrung macht, das entsprechende Tief durchlebt, weiß man erst, dass man eine solche Erfahrung nicht mehr benötigt, dass solche Erfahrungen einem selber nur schaden und letztendlich nur für den eigenen Lernprozess vorhanden sind. Energetisch dichte Mechanismen werden aber indirekt nicht nur durch unsere Gedanken verursacht.

Chemisch verunreinigte oder gentechnisch manipulierte Lebensmittel besitzen aufgrund der synthetischen Veränderung einen dichten energetischen Zustand. Wenn man solche „Lebensmittel" konsumiert, dann verdichten diese den eigenen energetischen Zustand. Natürlich muss man auch hier festhalten, dass man diese Lebensmittel nur aufgrund eigener Gedanken an diese Lebensmittel konsumiert. Auf der anderen Seite gibt es unzählige Möglichkeiten, das eigene Schwingungsniveau zu entdichten. Durch Positivität jeglicher Art entdichten wir unser eigenes Schwingungsniveau. Dazu zählen Gedanken der Liebe, Freude, Harmonie, Frieden, Fürsorglichkeit, Bescheidenheit und weitere positive Werte. Diese Empfindungen sind entdichtete energetische Zustände und entdichten folglich das eigene Schwingungsniveau. Das gleiche gilt selbstverständlich auch für natürliche, saubere Lebensmittel. Solche Lebensmittel wirken reinigend und sind daher eine Wohltat für unseren Organismus. Da alles in Existenz aus Bewusstsein besteht, verändert aber nicht nur der Mensch seinen eigenen energetischen Zustand. Selbst unser Universum verändert ständig das eigene energetische Schwingungsniveau.

Das toroidale Universum

Das Universum weist aber noch weitere Besonderheiten auf. Eine Besonderheit ist die Tatsache, dass unser Universum genau so wie der energetische Fluss des Lebens ein Perpetuum Mobile ist. Es ist nämlich ein Gebilde, das genau wie die energetische Urquelle aus sich selbst heraus existiert. Es existiert aus sich selbst heraus und ist abseits dessen endlich im unendlichen Raum. Der energetische "Raum" ist unendlich, der materielle Raum ist endlich. Das grobstoffliche Universum entstand aus einem Urknall heraus, expandiert und fällt irgendwann wieder in sich zusammen (das Prinzip von Rhythmus und Schwingung). Das energetische Universum existierte wiederum schon immer und wird auch aufgrund des entdichteten Schwingungsniveaus und des raumzeitlosen Aspektes auf ewig existieren. Die strukturelle Form, die ein energetischer Mechanismus dabei annimmt, das universelle Muster wird in der Mathematik wiederum Torus, Torusenergie oder auch toroidales Feld genannt. Der Torus ist dabei eine Art räumliche, rundliche Sphäre, an dessen oberen und unteren Ende sich jeweils ein linksdrehender und ein rechtsdrehender Wirbelmechanismus befindet (Siehe Abbildung 1). In der

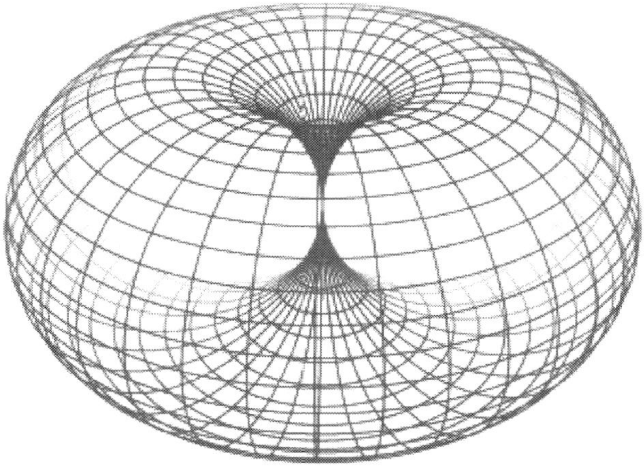

Abbildung 1 - Torus

Quantenphysik werden diese Wirbel/Strudel auch als Quanten bezeichnet. Diese Wirbelmechanismen stellen die Bindekräfte unserer Materie dar. Sie besitzen die einzigartige Fähigkeit, sich zu verdichten oder sich zu entdichten. Diese Wirbel sind außerdem pure Energie. Sie bestehen aus weiteren noch kleineren toroidalen Energiefeldern. Der Torus ist daher ein ganzheitliches dynamisches Muster, das überall in der universellen Natur vorkommt. Es ist ein stabiles energetisches Konstrukt, das sämtliche makro- und mikrokosmische Ebenen umgibt. Jegliche Daseinsform ist von einem Torus umgeben. Es besteht aus dieser Torusenergie. Toroidale Felder stellen daher das Fundament unserer universellen Schöpfung dar. Es sind selbstorganisierende Systeme, die in allen Größenordnungen in Erscheinung treten. Aus genau diesem Grund lässt sich die These aufstellen, dass der Torus die zugleich größte und kleinste Größenordnung in unserem kompletten Kosmos darstellt. Er umgibt nämlich sämtliche makro- und mikrokosmische Systeme. Der energetische Fluss eines toroidalen Feldes tritt dabei ein durch ein Ende, zirkuliert gleichmäßig rund um das Zentrum und tritt auf der anderen Seite wieder aus. Es ist ein ausgewogenes und selbstregulierendes System, das in Unendlichkeit existiert. Die selbstregulierende und Intakt haltende Struktur eines toroidalen Feldes wird dabei vor allem durch das Vektorgleichgewicht zusammengehalten. Das Vektorgleichgewicht ist eine in sich schlüssige, ausbalancierte Struktur, die 12 gleichgroße Energielinien aufweist und das Zentrum eines toroidalen Feldes stabilisiert. In Anbetracht dieser Tatsache ist das Vektorgleichgewicht ein in der Natur vorkommendes Muster, das einen stabilisierenden und formgebenden Einfluss auf das primäre Muster, das toroidale Feld ausübt. Alles in Existenz wird von dieser energetischen Kraft angetrieben und im Gleichgewicht gehalten. Da toroidale

Kräfte den Urgrund unserer Existenz darstellen, kommt es außerdem vor, dass dieses Feld sich überall in der universellen Natur ausdrückt. Aus diesem Grund findet man auch auf allen Daseinsebenen Wirbel bzw. Spiralmuster jeder Größenordnung. Bei einem Torus wird dieses Muster vor allem dann sichtbar, wenn man sich diesen aus einer Vogelperspektive betrachtet. Bei dieser Betrachtungsweise sieht der toroidale Wirbelmechanismus nämlich wie eine Art 2-dimensionale Spirale aus (siehe Abbildung 2). Dieses spiralförmige Muster gehört zu der fraktalen Geometrie der Natur und besitzt verschiedene Bedeutungen. Einerseits ist die Spirale ein symbolischer Ausdruck der Schöpfung und verdeutlicht, dass alles im Leben einem ständigen Fluss der Veränderung und der Bewegung unterliegt. Andererseits ist die Spirale aufgrund ihrer fraktalen geometrischen Form

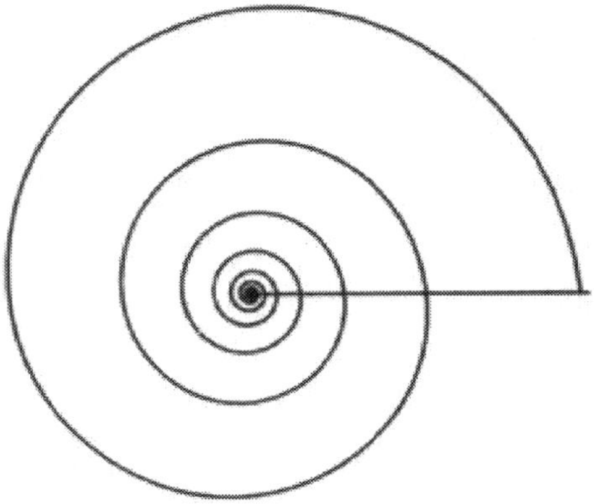

Abbildung 2 - Logarithmische Spirale

ein weiterer Ausdruck für die Unendlichkeit des Lebens. Abseits dessen gibt es wie schon im Laufe des Textes erwähnt eine rechtsdrehende und eine linksdrehende Spirale. Beim Torus spricht man auch von einer implodierenden linksdrehenden Hemisphäre und einer expandierenden rechtsdrehenden Hemisphäre. Die rechtsdrehende Spirale ist dabei ein Ausdruck der unendlichen und allgegenwärtigen Schöpfung. Sie stellt das feinstoffliche, entdichtete Universum dar, das von innen heraus nach außen hin existiert und expandiert. Die linksdrehende Spirale repräsentiert dabei die Rückkehr zur Einheit. Äußere Zustände, die wieder zur Einheit gelangen, materielle Zustände die immer mehr entdichten und einen lichteren Zustand erlangen. Das Bewusstsein, das sich selbst erfährt und dabei wieder zum Urgrund der Schöpfung zurückfindet. Ähnlich verhält es sich auch mit dem Menschen. Jeder Mensch besitzt ein eigenes toroidales Feld. Beim Menschen fließt das toroidale Feld entlang der Wirbelsäule durch den Körper hindurch und zirkuliert gemäß der Natur eines toroidalen Feldes rund um das Körper eigene Zentrum herum. Außerdem besitzt der Mensch genau wie ein toroidales Feld Wirbelmechanismen. In der Vedischen Leere werden diese Wirbelmechanismen auch Chakren genannt. Insgesamt besitzt der Mensch 7 Hauptchakren und etliche weitere Nebenchakren, die genau wie toroidale Wirbelmechanismen einen linksdrehenden und einen rechtsdrehenden Mechanismus besitzen. Diese links und rechtsdrehenden Wirbelmechanismen kommen dabei in abwechselnder Reihenfolge bei unseren Chakren vor. Die Chakren sind daher feinstoffliche Energiewirbel, sogenannte Zentren, die enorme Mengen an Energie bündeln bzw. bündeln können. Diese Energiezentren können Energie aufnehmen, transformieren und weiterleiten. Chakren besitzen so die Fähigkeit, einen energetisch dichten oder einen lichten Zustand anzunehmen. Ein energetisch dichtes Chakra stellt dabei eine Belastung für den Körper dar. Dadurch verdichtet sich der Zustand des menschlichen Energiekörpers. Die Energie hat eine deutlich geringere Fließgeschwindigkeit. Damit es nicht zu einer massiven Überlastung des Energiekörpers kommt, überträgt dieser, wie bereits im Verlauf des Buches erwähnt, energetische Verunreinigungen auf den physischen Körper. Ein energetisch entdichtetes Chakra sorgt wiederum dafür, dass Energie in unserem Körper frei fließen kann. Es stellt dadurch eine Unterstützung für unseren energetischen Körper dar. Wenn alle 7 Chakren einen lichten energetischen Zustand aufweisen, dann können so gut wie keine energetischen Belastungen mehr entstehen. Krankheiten könnten sich physisch nicht mehr manifestieren, da der Organismus keiner enormen energetischen Dichte mehr ausgeliefert ist. Es gibt aber noch weitere Möglichkeiten, um das eigene Schwingungsniveau zu entdichten. Eine Möglichkeit davon ist die Kraft der Gegenwart zu nutzen.

Kraft der Gegenwart

Die Gegenwart ist ein all umfassendes Konstrukt, eine Präsenz, die es schon immer gab, gibt und immer geben wird. Alles in Existenz wird von dieser Macht durchdrungen und wird kontinuierlich von dieser Kraft geprägt. Die Gegenwart ist dabei ein Moment, präziser ausgedrückt, ein ewig währender Moment, der in all seiner Fülle fortwährend expandiert und kontinuierlich präsent ist. Dabei kann die Gegenwart einen gedeihenden Einfluss auf unseren Organismus ausüben, vor allem dann, wenn man sich geistig in diesem raumzeitlosen Konstrukt befindet. Sobald man aus gegenwärtigen Mustern heraus handelt, wirkt sich das sehr positiv auf die eigene psychische und physische Beschaffenheit aus. Dennoch halten sich viele Menschen nur bedingt in der Gegenwart auf. Ein Großteil verliert sich häufig in vergangenen und zukünftigen Szenarien. Dabei ist es aber wichtig zu verstehen, dass Vergangenheit und Zukunft ausschließlich immaterielle Konstrukte sind. In Wahrheit existieren beide Zeitformen nur in unseren Gedanken. Auf materieller Ebene gibt es diese Zustände nicht. Unser Dasein existiert immer in der Gegenwart. Wir können uns zwar geistig in vergangenen und zukünftigen Szenarien aufhalten, dennoch geschehen diese gedanklichen Vorstellungsprozesse gegenwärtig. Man könnte auch durchaus die Behauptung aufstellen, dass Vergangenheit und Zukunft nur eine Form der Gegenwart, ein Teil dieses ewig ausdehnenden Moments sind. Es sind dualitäre

Zeitstränge die von Bewusstsein geschaffen werden und parallel zur Gegenwart koexistieren. Vergangene Ereignisse geschehen gegenwärtig. Futuristische Dinge haben auch eine gegenwärtige Bedeutung und Präsenz. Wenn ich mir zum Beispiel vorstelle, dass ich gleich spazieren gehen werde, dann stelle ich mir dieses zukünftige Szenario gegenwärtig vor. Sobald dann der Moment des Spaziergangs gekommen ist, habe ich meine Vorstellung gegenwärtig existent werden lassen. Alles geschieht daher aus gegenwärtigen Mustern heraus. Oftmals ist es aber nicht einfach, aus dem gedeihenden Fluss der Gegenwart heraus zu handeln, denn häufig begrenzen wir uns selber, in dem wir uns in Gedanken der Vergangenheit oder Zukunft verlieren. Viele Menschen haben Angst vor der Zukunft. Sie leben daher ein Leben in ständiger Sorge. Sorgen sind aber nur ein Missbrauch unserer gedanklichen Schöpferkräfte, da sie den eigenen energetischen Zustand verdichten. Sorgen halten einen Menschen nicht nur vom gegenwärtigen Leben ab, sie erzeugen zusätzlich viel Leid. Wenn man permanent die Sorge hat, dass man von seinem Freund oder seiner Freundin betrogen werden könnte, dann lebt diese Person mit seinen Bedenken in dem Moment geistig nicht direkt in der Gegenwart, sondern hält sich gedanklich aufgrund dieser Sorgen in einem erdachten zukünftigen, materiell nicht existenten Szenario auf. Das Szenario des fremdgehenden Freundes oder Freundin findet ausschließlich in der Gedankenwelt dieser Person statt. Man macht sich im Grunde Sorgen um etwas, das überhaupt nicht existent ist (negative Visualisierung). Genau so verliert sich auch ein Großteil von Menschen in Vergangenheitserlebnissen. Man trauert diesen nach, es entstehen zeitweise sogar massive Schuldgefühle. Diese gedankliche Belastung kann man nur beenden, in dem man versteht, dass die Vergangenheit auf gegenwärtiger, physischer Ebene nicht mehr existiert. Anstatt sich auf negativ behaftete vergangene oder zukünftige Ereignisse zu konzentrieren, wäre es also ratsam, sich viel mehr mit den gegenwärtigen Momenten auseinander zu setzen und in diesen gegenwärtigen Momenten auch zu leben. Je öfter man aus gegenwärtigen Mustern heraus handelt, desto gedeihender wirkt sich das auf den eigenen Organismus aus. Natürlich muss an dieser Stelle gesagt werden, dass man auch Positivität aus zukünftigen und vergangenen gedanklichen Mustern beziehen kann, wie zum Beispiel die Erinnerung an sehr freudige oder glückliche Ereignisse, bzw. eine sehr intensive Wunschvorstellung von Dingen, deren Realisierung nur in der Zukunft liegen kann. Anhand dieser

Beispiele wird nochmal sehr deutlich, dass man die Qualität des eigenen Lebens selbst in der Hand hat. Man besitzt die Macht selber zu entscheiden, wie man sein eigenes Leben gestalten möchte, ob man eine energetisch dichte oder energetisch lichte Realität erzeugt. Man kann sich auch selber aussuchen, wie man die eigene gegenwärtige Existenz verändert und was man selber erleben möchte. Alle erdenklichen Empfindungen, Ereignisse und Handlungen sind ausschließlich auf die Macht des eigenen Geistes zurück zu führen. Jeder Einzelne hat permanenten Zugriff auf diese unerschöpfliche gedankliche Informations- und Schöpfungsquelle. Jeder einzelne Mensch ist in der Lage, sich der Fähigkeiten des eigenen bewussten Schöpfergeistes bewusst zu machen und seine wahres Potenzial zu ergründen. Nur dadurch lässt sich auch verstehen, dass Zeit nur ein relatives Konstrukt ist, das von jedem Menschen auf individuelle Art und Weise erfahren wird. Eine einflussreiche und manipulierbare Erscheinung, die vom bewussten Schöpfergeist auf individuelle Art und Weise interpretiert wird. Wenn man zum Beispiel glücklich ist oder irgendetwas macht, was einen freudig stimmt, dann hat man nicht nur das Gefühl, dass sich die Zeit für einen schneller bewegt, die Zeit vergeht dann tatsächlich für einen schneller. Negative Erlebnisse verlangsamen wiederum die eigene Erfahrung der Zeit. Bei Dingen, die einem absolut missfallen, einen langweilen oder sogar traurig machen, vergeht die Zeit viel langsamer. Im Endeffekt ist dieses Zeitempfinden auch nur wieder auf den eigenen energetischen Zustand zurück zu führen. Zeit ist immer an Raum gebunden (Raumzeit). Um so lichter der eigene energetische Zustand schwingt, desto schneller wirkt Raumzeit auf einen selber ein. Ein energetisch dichter Zustand lässt Raumzeit für einen selber wiederum langsamer erscheinen. Die Zeit vergeht auf unserer Erde dennoch gleichmäßig. Die chronometrische Geschwindigkeit der Zeitmessung kann nicht verändert werden, da alles in Existenz ein eigenes Zeitempfinden hat. Wenn ich das Gefühl habe, dass für mich beispielsweise die Zeit schneller vergeht, dann bezieht sich das lediglich auf meine eigene gegenwärtige Realität. Für Sonne und Mond vergeht die Zeit dann standardgemäß weiter. Aus diesem Grund ist die Zeit auch nur ein rein gedankliches Phänomen. Die Zeit kann nämlich nur eine Wirkung auf den Körper ausüben, weil der Gedanke an die Zeit existiert. Da man vollkommen an die Zeit glaubt und vollkommen von der Erscheinung der Zeit überzeugt ist, erlebt man kontinuierlich die Erfahrung von Zeit. Es ist natürlich auch schwer den stark im Unterbewusstsein verankerten Gedanken der Zeit abzulegen, denn im Alltag wird man ständig mit dem Phänomen Zeit auf irgend eine Art und Weise konfrontiert. Dieser Umstand wird vor allem durch die subjektive Erfahrung von Zeit erschwert. Die Zeit wird unter anderem auch durch das Kollektiv aufrecht erhalten. Dennoch leben wir in einer Welt, in der größtenteils zeitlose Zustände herrschen. Im Grunde genommen ist sogar unsere gesamte Existenz größtenteils raumzeitlos, da unsere physische Präsenz nur ein Ausdruck unseres unendlichen Bewusstseins ist. Bewusstsein ist ja bekanntlich raumzeitlos. Aus energetischer Sicht betrachtet manifestiert sich Raumzeit erst dann, wenn der energetische Zustand einer beliebigen Existenz derart verdichtet ist, dass dieser materiell in Erscheinung tritt. Dadurch entsteht letztendlich eine Raumzeitbindung. Die Erfahrung von Raum und Zeit wird Realität. Folglich kann man aus einer bewussten Interaktion mit der Zeit das eigene Schwingungsniveau entdichten.

Kapitel II: Feinfühliges Denken und Handeln

Der intuitive Verstand

Feinfühligkeit ist die Fähigkeit entdichtet zu denken oder zu handeln. Damit sind hauptsächlich Gedanken und Handlungen gemeint, die ein energetisch entdichtetes Schwingungsniveau besitzen. Man könnte auch von einer feinstofflichen Wahrnehmung sprechen, eine spezielle Form der Wahrnehmung, die über die üblichen fünf Sinne hinaus geht. Häufig spricht man hier auch vom sogenannten 5-dimensionalen Denken und Handeln. Mit der 5. Dimension ist schlichtweg eine lichte Dimension gemeint bzw. eine Frequenz, in der Feinfühligkeit, Leichtigkeit, Frieden, Harmonie, Dankbarkeit und Liebe ihren Platz finden. Man könnte auch von einem Bewusstseinszustand sprechen, aus dem der Mensch höhere Emotionen und Gedanken schöpft. Wenn ein Mensch Feinfühligkeit in seinem eigenen Geiste legitimiert und aus unvoreingenommenen und harmonischen Mustern heraus handelt, dann könnte das durchaus zu der Annahme führen, dass diese Person sich in dem Moment in der fünften Dimension befindet oder aus 5-dimensionalen Mustern heraus handelt. Des weiteren wird die fünfte Dimension auch häufig mit einem raumzeitlosen Zustand in Verbindung gebracht. Diese Annahme ist bedingt auch richtig, denn fünf dimensionale Handlungen bzw. energetisch stark entdichtete Handlungen sind in ihrem Kern ja raumzeitlos. Liebe ist eine raumzeitlose, feinstoffliche Struktur. Wenn man aus dieser Frequenz heraus handelt, diesen essentiellen Aspekt des Lebens verkörpert, dann handelt man so gesehen aus einer entdichteten, raumzeitlosen Quelle heraus. Man wird von einer raumzeitlosen Kraft angetrieben und befindet sich dennoch in einer raumzeitlichen materiellen Welt. Feinfühliges Denken und Handeln wird dabei vor allem von unserem intuitiven Verstand begünstigt. Der intuitive Verstand, auch Seele genannt, ist der feinfühlige, 5-dimensionale Aspekt eines jeden Menschen. Es ist die innere, wegweisende Stimme, die bei jedem Menschen immer wieder zum Vorschein kommt. Die Seele verkörpert dabei alle positiven und hochschwingenden Aspekte eines Individuums. Sie ist das konsequente Pendant zum egoistischen Verstand. Aufgrund unseres intuitiven Verstandes verfügen wir Menschen über ein gewisses Quantum an Menschlichkeit. Diese Menschlichkeit drücken wir wiederum auf individuelle Art und Weise aus. Die Seele stellt dabei aufgrund ihrer entdichteten Mentalität eine Art Verbindung zur 5. Dimension dar. Sie ist im Grunde der 5-dimensionale, göttliche Aspekt eines jeden Menschen, der gelebt werden möchte. Man könnte auch von einem hochschwingenden Aspekt eines

Menschen sprechen, der in gewissen Lebenssituationen immer wieder zum Vorschein kommt. Aus diesem Grund ist die Verbindung zur Seele ein entscheidender Faktor, um vollkommene geistige Gesundheit zu erlangen, denn seelisches bzw. entdichtetes Denken und Handeln stärkt das eigene psychische und physische Wohlbefinden. Manche Menschen handeln dabei mehr und manche weniger aus ihrem intuitiven Verstand heraus. Wenn jemand zum Beispiel nach dem Weg gefragt wird, würden die meisten Personen niemals abweisend, urteilend oder egoistisch reagieren. Man ist eher freundlich und hilfsbereit. Dadurch zeigt man seinem Gegenüber seine barmherzige, seelische Seite. Der Mensch benötigt die Liebe anderer Mitmenschen, denn aus dieser schon immer existierenden Energiequelle beziehen wir ja einen großen Teil unserer hauptsächlichen Lebensenergie. Nur der egoistische Verstand sorgt letztendlich dafür, dass wir in gewissen Situationen unsere Seele oder besser gesagt unsere intuitiven Fähigkeiten untergraben. Dies tritt beispielsweise dann ein, wenn jemand blind über das Leben eines anderen Menschen urteilt oder wenn man bewusst anderen Menschen Schaden zufügt. Der intuitive Verstand ist außerdem aufgrund des entdichteten Schwingungsniveaus vollständig mit dem feinstofflichen

Kosmos verbunden. Aus diesem Grund erhalten wir auch immer wieder im Leben Eingebungen oder anders ausgedrückt intuitives Wissen, das direkt aus diesem energiereichen Meer stammt. Unser Verstand lässt uns jedoch häufig zweifeln. Deshalb nehmen viele Menschen ihre intuitive Gabe nicht war. Das macht sich in sehr vielen Situationen bemerkbar. Ich nenne da mal ein simples Beispiel. Stell dir eine Gruppe von Jugendlichen vor, die plötzlich aus welchen Gründen auch immer in ein Haus einbrechen möchten. In dem Moment, in dem das Vorhaben ausgesprochen wird, hat jeder selber die Möglichkeit zu entscheiden, ob er dabei mitmacht oder nicht. Der intuitive Verstand würde einen selber sofort signalisieren, dass das im Grunde nicht richtig ist, dass diese Handlung keinem nützt und einem selbst und den entsprechenden Mitmenschen nur Schaden zufügen würde. Würde man auf den seelischen Verstand hören, so würde man diese Handlung sicherlich nicht begehen. Leider wird die innere Stimme bei vielen Menschen vom egoistischen Verstand beherrscht. Der egoistische Verstand signalisiert einem, dass die Teilnahme an der eben beschriebenen Situation unter Umständen sehr cool sei. Seine Gruppe darf man außerdem unter keinen Umständen enttäuschen. Zu guter Letzt spielt auch der

Anspruch, sich in der Gruppe zu behaupten, eine Rolle. Man ist zu tiefst verunsichert und zwischen Seele und Ego hin und her gerissen. In vielen Fällen gewinnt dann der egoistische Verstand die Oberhand. Dieser sorgt dann dafür, dass man irrational handelt. Wäre man sich seinen intuitiven Fähigkeiten und seines egoistischen Verstandes bewusst, dann würde man diese Handlung aller Wahrscheinlichkeit nach nicht begehen. Man würde verstehen, dass diese Handlungen einem selbst größtenteils nur schaden würden. Ich sage größtenteils, da man aus dieser Situation lernen könnte, was einem wiederum weiterhelfen würde. Ein weiteres Beispiel wäre die ansteckende Kraft der Gedanken. Wie schon im Laufe des Buches erwähnt, ist alles in Existenz auf energetischer Ebene miteinander verbunden. Aufgrund dieser Tatsache übt das eigene Bewusstsein einen gewaltigen Einfluss auf die kollektive Realität aus. Je stärker das eigene Bewusstsein ist bzw. um so mehr man sich seiner selbst bewusst ist, desto stärker beeinflusst man dabei die kollektive Realität. Wenn zum Beispiel jemand tagelang über die Heilwirkung von Kamillentee nachdenkt und anschließend ein Freund vorbei kommt und einem erzählt, dass er an diesem Tag von der Wirkung des Kamillentees gehört hat oder wenn man dann vermehrt auf andere

Weise mit Menschen und Ereignissen in Kontakt kommt, die Kamillentee beinhalten, dann ist es wahrscheinlich, dass man selber durch die eigene Kraft der Gedanken diese Menschen beeinflusst hat. Viele würden sich dann selber sagen, dass es Zufall sei, dass sie ausgerechnet jetzt so häufig mit Kamillentee konfrontiert werden. Dennoch gibt es keine Zufälle. Jedes Ereignis hat einen Grund. Ein Mensch mit einer starken intuitiven Gabe und einem grundlegenden Verständnis für das energetische Universum würde in dem Zusammenhang aber verstehen, dass er selbst für dieses vermehrte Kamillentee-Auftreten in seiner Realität verantwortlich ist. Er weiß, dass seine Gedanken aufgrund der energetischen Wechselwirkung das Bewusstsein anderer Menschen erreicht, da dieses von seinem intuitiven Verstand ohne Umschweife mitgeteilt wird. Da man fest daran glaubt und zu 100 % davon überzeugt ist, manifestiert sich dieses Gefühl als Wahrheit in der eigenen Realität. Dieses intuitive Prinzip erlebe ich auch häufig bei mir selber. Ich setze mich zum ersten Mal mit etwas Neuem auseinander. Anschießend erreicht dieses neue Wissen immer öfters mein eigenes Bewusstsein. Ich nehme dieses Wissen daraufhin immer bewusster wahr und treffe dann vermehrt auf Menschen, die sich zum ersten Mal mit dieser Thematik auseinander setzen. Ich selber weiß dann, dass ich mit dafür verantwortlich bin, dass diese Menschen sich damit auseinander gesetzt haben. Da ich dann zu 100 % davon überzeugt bin, manifestiert sich diese intuitive Empfindung als Wahrheit in meiner eigenen gegenwärtigen Realität. Ich bin mir dann dessen voll und ganz bewusst, dass ich das Kollektiv durch meine eigenen Gedankengänge verändert, erweitert und geprägt habe. Dabei sei noch eines gesagt. Um so euphorischer und intensiver man über den entsprechenden Gedankengang nachdenkt, desto stärker verändert man die kollektive Realität. Als ich zum Beispiel vor über einem Jahr in massiver Aufregung zu der Erkenntnis gekommen bin, dass ich Schöpfer meiner eigenen Realität bin, wurde mein Bewusstsein daraufhin auf unzählige Art und Weise mit Menschen konfrontiert, die dieselbe Ansicht seit längerer Zeit besaßen. Es gab auch Konfrontationen mit Personen, die zum 1. Mal zu dieser Erkenntnis gekommen sind. Wie man sieht, ist der intuitive Verstand ein mächtiges Werkzeug, mit dem man die eigene Realität verändern und vor allem energetisch entdichten kann. Die Qualität der intuitiven Fähigkeit ist dabei ebenfalls veränderbar. Um das hinzubekommen, muss man verstehen, dass die intuitiven Kräfte, die innere Stimme aus unserem Unterbewusstsein entspringt.

Das Unterbewusstsein

Das Unterbewusstsein ist der verborgenste Teil unserer eigenen gegenwärtigen Realität. Es beherbergt alle unterbewussten Gedanken und stellt die umfangreichste Ebene eines Menschen dar. Alles was man je in seinem Leben erlebt hat, erlebt und erleben wird, speichert sich im Unterbewusstsein ab und kann zu jeder Zeit abgerufen werden. Meistens konfrontiert uns das Unterbewusstsein dabei von selbst mit entsprechenden Gedankengängen. Wenn einem plötzlich ein uraltes Szenario in den Kopf schießt, zum Beispiel der Gedanke an die erste große Liebe, dann stammt dieses Wissen aus dem Unterbewusstsein. Das Unterbewusstsein ist außerdem Sitz unserer konditionierten Gedankengänge und Handlungen. Alle automatisierten Abläufe eines Menschen befinden sich in diesem unbekannten Terrain und warten nur darauf, immer und immer wieder gelebt zu werden. Hier spricht man auch gerne von so genannten Programmierungen. Mit Programmierungen sind Handlungen, Gedanken, Verhaltensmuster und dergleichen gemeint, die tief in unserem

Unterbewusstsein verwurzelt sind. Diese Muster prägen den Menschen und bilden einen größten Teil seiner Realität, denn gedankliche Programmierungen erreichen tagtäglich das Bewusstsein. Ein Raucher wird zum Beispiel ständig mit konditionierten Gedankengängen an die Zigarette verführt. Aufgrund des täglichen Rauchens hat sich das Unterbewusstsein an die Zigarette gewöhnt und wird aufgrund dessen immer dafür Sorgen, dass der Raucher mit dem konditionierten Gedanken des Rauchens konfrontiert wird. Die Handlung des Rauchens ist so tief im Unterbewusstsein verankert, dass es Teil des täglichen Lebens ist. Aus diesem Grund ist es auch sehr schwer, mit dem Rauchen aufzuhören, denn abseits der 3-dimensionalen, materiellen Abhängigkeit (Nikotin und weitere Sucht erzeugende Stoffe) brennt sich die Handlung des Rauchens in das Unterbewusstsein, in die unterbewusste Gedankenwelt ein. Man hat sich mit dem regelmäßigen Rauchen selbst programmiert. Man kann das Verlangen nach der Zigarette nur beenden, in dem man das eigene Unterbewusstsein wieder umprogrammiert. Dies geschieht, in dem man sich das Rauchen bewusst über einen längeren Zeitraum abgewöhnt. Dadurch verändert man das eigene Unterbewusstsein und entfernt nach und nach die eigene gedankliche Programmierung. Der Gedanke an die Zigarette wird dann von Tag zu Tag kleiner. Irgendwann hat man die Sucht überwunden, der Gedanke wurde dann auf ein Minimum reduziert. Er stellt keine psychische Belastung mehr da. Die konditionierte Handlung ist dann nicht mehr existent, das Unterbewusstsein versucht nicht mehr eine Realität des Rauchens zu erzwingen. Man hat dann die eigene Realität verändert und eine neue Realität erschaffen. Eine Realität, in der die verführerische Macht des Rauchens nicht mehr präsent ist. Dennoch ist auch hier wieder wichtig zu verstehen, dass nicht das Unterbewusstsein die Hauptursache für konditionierte Gewohnheiten ist, die Hauptursache ist natürlich immer das eigene Bewusstsein und die darin gedeihenden Gedankengänge. Man fängt ja auch nur mit dem Rauchen an, da man den Gedanken des Rauchens physisch existent werden lässt. Das ist ein weiterer Grund, um auf die Qualität der eigenen Gedanken zu achten. Ein einziger negativer Gedanke kann zu einer nachhaltigen Handlung werden, die sich gegebenenfalls über die Zeit zu einer unvorteilhaften Gewohnheit entwickelt. Dieses programmierende Prinzip lässt ich aber nicht nur auf das Rauchen übertragen. Durch das bewusst werden bestimmter Informationen kann man auch das eigene

Unterbewusstsein verändern. Hätte mich früher jemand gefragt, was Gott ist, dann hätte mein Unterbewusstsein mir sofort suggeriert, dass es keinen Gott gibt, was meiner damaligen Überzeugung voll entsprach. In meiner Vorstellung existierte kein Gott. Aus dem Grund habe ich tagtäglich eine Realität erzeugt, in der Gott nicht präsent war. Irgendwann bin ich zu der Erkenntnis gekommen, dass die komplette materielle und immaterielle Welt Gott ist, dass Gott das Urbewusstsein in seiner Gesamtheit ist. Ein Bewusstsein das sich in allem, was existiert ausdrückt und selbst erfährt. Durch dieses Wissen konnte ich eine neue Realität bilden, eine Realität, in der Gott präsent ist. Anfänglich musste sich mein Unterbewusstsein an diese neue Erkenntnis erstmals gewöhnen. Doch mit der Zeit wurde dieses Wissen Normalität und veränderte mein Bewusstsein. Wenn mich heutzutage jemand fragt, was Gott ist, dann berufe ich mich innerlich auf meine neuen Erkenntnisse. Mein Unterbewusstsein führt mir dann sofort meine neue Überzeugung vor Augen. Ich erzeuge dann nicht mehr eine Realität, in der Gott nicht präsent ist, sondern eine Realität, in der Gott existiert. Das Unterbewusstsein steuert aber noch weit aus mehr physische und psychische Mechanismen. Ein Mechanismus ist das vor Augen führen von früheren

Erlebnissen. Manchmal sind es Gedanken, die noch gelebt werden möchten, wie zum Beispiel der Wunsch in ein bestimmtes Land zu reisen. Oder einfach auch nur Gedanken an Situationen, mit denen wir nicht abschließen konnten. Das Unterbewusstsein führt uns immer wieder Bruchstücke unseres Leben vor Augen. Im Endeffekt liegt es an uns, diese zu deuten und mit diesen aufkeimenden Silhouetten richtig umzugehen. Das ist natürlich leichter gesagt als getan. Einigen Menschen fällt es noch schwer, intuitive Eingebungen oder unterbewusste Gedanken zu deuten oder gar bewusst wahrzunehmen. Sehr häufig lassen wir uns von unserem egoistischen Verstand blenden und leiten.

Der egoistische Verstand

Der egoistische Verstand oder auch der suprakausale Verstand genannt, ist das Gegenstück zum intuitiven Verstand. Er ist hauptverantwortlich für die Erzeugung von energetisch dichten Handlungen und Ereignissen. Es ist der 3-dimensionale, niedere Aspekt eines Menschen, der häufig unbewusst gelebt wird. Es ist ein täuschender Verstand, der den Menschen blind durchs Leben umherirren lässt, da er den eigenen Horizont aufgrund niederer Handlungs- und Gedankenstränge stark eingrenzt. Durch diesen Verstand fühlen wir uns von Gott getrennt. Dadurch leben wir ein Leben in geistiger Isolation. Das liegt daran, da der suprakausale Verstand grobstofflich geprägt ist und nur in materiellen, grobstofflichen Mustern funktionieren kann. Menschen, die hauptsächlich mit ihrem suprakausalen Verstand denken, stellen sich Gott nur als eine materielle Gestalt vor, da der Sinn für die Feinstofflichkeit vollkommen fehlt. Das ist auch der Grund, warum die meisten Menschen auf diesem Planeten das Leben nicht deuten können. Um das Leben zu verstehen, muss man zwangsläufig immaterielles Denken im eigenen Geiste legitimieren. Wenn man feinstoffliches Denken im eigenen Geiste zulässt, dann versteht man, dass Gott keine physische Person ist, die irgendwo im Universum existiert und uns Menschen willkürlich dirigiert. Man denkt dann nicht mehr in materiellen Mustern, sondern in immateriellen Mustern und findet so zu Gott. Aus diesem Grund ist dieser Verstand dafür zuständig, dass wir Menschen urteilend durchs Leben laufen und vieles belächeln oder abweisen, was nicht unserem konditionierten und geerbten Weltbild entspricht. Genau das ist auch eines der größten Probleme der Menschheit. Viele Menschen sind häufig voreingenommen und urteilen über Ereignisse,

Begebenheiten und Handlungen, die nicht den eigenen Vorstellungen entsprechen. Durch dieses Verhalten erzeugt man aber eine energetisch dichte Realität, da man dadurch den eigenen Geist, das eigene Bewusstsein begrenzt hält. Wie soll man zum Beispiel das Wissen rund um das energetische Universum verstehen, hinterfragen oder gar kennen lernen, wenn man dieses nur verpönt oder von Grund auf strikt ablehnt. Durch solche Handlungen verschließen wir nur unseren Geist und begrenzen unsere eigenen schöpferischen Fähigkeiten. Um das Universum zu verstehen, ist es also von äußerster Wichtigkeit, das eigene Bewusstsein von suprakausalen Sichtweisen frei zu machen. Wenn etwas nicht dem eigenen Weltbild entspricht, dann sollte man das nicht belächeln, sondern unvoreingenommen in Frage stellen. Man sollte sich vorurteilsfrei mit dem entsprechenden Wissen auseinandersetzen und sich aufgrund der Lage eine eigene, freie Meinung bilden. Des weiteren üben Urteile einen nachhaltigen Einfluss auf die eigene psychische und physische Konstitution aus, denn Urteile sind am Ende des Tages nichts anderes als energetisch dichte Zustände. Wenn ich über das Leben eines anderen Menschen urteile, dann erzeuge ich in diesem Moment einen dichten energetischen Zustand und speise so nur meinen suprakausalen Verstand. Es ist aber sehr wichtig zu verstehen, dass kein Mensch der Welt das Recht hat, das Leben eines anderen Menschen auf ein Minimum zu reduzieren. Kein Mensch der Welt hat außerdem das Recht, blind über das Leben eines anderen Menschen zu urteilen. Urteile schüren nur Hass. Hass ist letztlich die Grundlage von Krieg und Unheil. Wir sollten damit aufhören, andere Menschen zu diskreditieren, denn nur so können wir eine kollektive Realität erzeugen, in der Frieden, Nächstenliebe und Empathie vorrangig existent sind, anstatt Urteile, Hass und dergleichen. Natürlich ist das leichter gesagt als getan. Gegenwärtig befinden wir uns in einem Zeitalter, in dem die Menschheit sich geistig massiv weiterentwickelt und eine immer energetisch lichtere Realität erzeugt. Die Gründe dafür erläutere ich in Kapitel VI: „Der kosmische Zyklus“. Die Menschheit erkennt wieder ihre eigenen suprakausalen Mechanismen und ist dabei, den kollektiven und individuellen Egoismus aufzulösen. Um dies zu erreichen, müssen wir aber erst einmal unseren eigenen suprakausalen Verstand erkennen. Erst dadurch kann man diesen minimieren und sich abgewöhnen. Früher war ich zum Beispiel auch ein eher urteilender Mensch. Dinge, die nicht meinem Weltbild entsprachen oder Dinge die mir nicht gefielen, wurden automatisch innerlich belächelt und von mir selbst belustigt. Ich tat das, was den gesellschaftlichen Normen entsprach und begrenzte dadurch meine eigene geistige Qualität. Durch dieses urteilende Denken schmälerte ich nur meine eigenen Fähigkeiten, was ich jedoch zu dem damaligen Zeitpunkt noch nicht verstand, das erkannte ich erst einige Jahre später. Ich hatte mir halt über die Zeit ein gewisses Kastendenken (was auf unsere Kastengesellschaft zurück zu führen ist) angeeignet. Ich integrierte ein Weltbild in meinem Geist, das mir täglich von der Gesellschaft und den Medien vor Augen geführt wurde. Als mir bewusst wurde, was ich tat und daraufhin empfand, dass man nicht über das Leben anderer Menschen urteilen sollte, gewöhnte ich mir diese niederen Konditionierungen sofort ab. Sobald man die eigenen urteilenden Mechanismen erkennt, kann man sich diese auch nach und nach abgewöhnen. Wenn man das tut, dann bemerkt man auch, wie häufig der eigene egoistische Verstand Urteile produziert. Dann registriert man außerdem auch die Urteile anderer Menschen und bemerkt, wie sinnlos und unangenehm diese eigentlich sind. Sinnlos ist vielleicht nicht ganz richtig, denn auch Urteile bzw. der egoistische Verstand hat seine existentielle Berechtigung. Dieser Verstand ist absolut wichtig, um das dualitäre Prinzip des Lebens zu verstehen. Er ist ein Schutzmechanismus, der uns Menschen geschenkt wurde, um in einer dualitären Welt zu überleben. Würde es diesen Verstand nicht geben könnte man keine antagonistischen Erfahrungen machen. Man könnte keine polaritären Erfahrungen sammeln, was den eigenen Erfahrungsreichtum stark einschränken würde. Wie sollte man zum Beispiel Harmonie verstehen und zu schätzen wissen, wenn es eine Welt gäbe, in der nur Harmonie existiert. Man würde dadurch nicht die Existenz und die Besonderheit harmonischer Zustände verstehen, da sie für einen selber absolute Normalität wären. Man muss zwangsläufig immer das Negativum eines Aspektes studieren, um im Anschluss daran den positiven Pol schätzen und achten zu können. Um so intensiver man dabei den gegenteiligen Pol erlebt, desto mehr weiß man auch die Gegenseite zu schätzen. Jemand, der für ein paar Jahre im Gefängnis war, der weiß mit Sicherheit Freiheit viel mehr zu schätzen als jemand, der diese Erfahrung nicht gemacht hat. Ein finanziell armer Mensch wird finanziellen Reichtum viel mehr zu schätzen wissen, als jemand, der schon immer viel Geld hatte. Je mehr wir dieses dualitäre Prinzip verstehen bzw. wir unseren eigenen egoistischen Verstand besser erkennen und ablegen, desto mehr handeln wir auch aus der wahren Natur des Menschen heraus. Dabei muss man aber verstehen, dass man den egoistischen Verstand nicht einfach so ablegen kann. Auch wenn man eigene suprakausale Verhaltensweisen und Mechanismen erkennt, so hat der Ego-Verstand eine tiefe Verwurzelung in der eigenen Psyche. Der egoistische Verstand bezieht sich nämlich auch auf jegliches negativ behaftetes Ich-bezogenes Denken. Jedes Mal, wenn man ichbezogen denkt, handelt man aus der Suprakausalität heraus und schneidet sich von der vereinten Schöpfung ab. Dafür gibt es wieder ein kleines Beispiel. Stell dir vor, du spielst mit deinen Freunden ein Sammelkartenspiel und plötzlich kommt ein anderer Freund vorbei, der noch keine Karten besitzt. Er stellt die Frage, ob er welche haben könnte. Der suprakausale Verstand würde einem sofort signalisieren, dass man keine Karten abgeben sollte, da diese den eigenen Besitz darstellen, der Verlust des Besitzes nicht akzeptabel sei. Würde man nein sagen, dann wäre das eine suprakausale Handlung, die einem zwar den Verlust des materiellen Gegenstandes erspart, den energetischen Zustand aber dennoch verdichtet, da man ein schlechtes Gewissen bekommt oder man sich des eigenen Egoismus bewusst wird. Außerdem erzeugt dieser Egoismus beim

Gegenüber energetische Dichte, da sich der entsprechende Freund dadurch schlecht fühlt und sich gegebenenfalls über den Egoismus aufregt. So schneidet man sich geistig von der Schöpfung ab. Man handelt geistig vollkommen im eigenen Interesse, anstatt im Wohlergehen anderer Menschen. Die vollkommene Auflösung des eigenen egoistischen Verstandes erfolgt aber nur dann, wenn man das eigene Ich größtenteils ablegt und man ein Wir-Denken im eigenen Geiste legitimiert. Man handelt nicht mehr im eigenen Interesse, sondern im Interesse anderer Menschen. Wenn man das macht, dann hätte man in einer solchen Situation seinem Freund beliebig Karten geschenkt, da man im Grunde erkannt hätte, dass man sich so in keiner geistigen Isolation hält, sondern dass man im Interesse und Wohlergehen des anderen handelt. Man bezieht aus dem Verlust der Karten keinen geistigen Verlust. Stattdessen freut man sich über die Dankbarkeit oder Bereicherung des Gegenübers, was das eigene Bewusstsein wiederum viel mehr bereichert. Hinzu kommt, dass der entsprechende Freund zu einem selber dann auch großzügig wäre. Würde man stattdessen egoistisch handeln und ihm mitteilen, dass er keine Karten bekommt, dann müsste man damit rechnen, dass der entsprechende

Freund einem zukünftig eher egoistisch gesonnen wäre. Dennoch ist es nicht einfach, seinen suprakausalen Verstand zu erkennen und abzulegen, denn schon von Kindesalter an wird uns vermittelt, dass der Mensch von Grund auf egoistisch ist und dass der Mensch immer nur auf sein eigenes Wohl bedacht ist. Diese Annahme ist aber schlicht weg falsch. Der Mensch ist eigentlich von Grund auf ein liebevolles, fürsorgliches, unvoreingenommenes und harmonisches Wesen, was man vor allem immer wieder bei Kleinkindern feststellt. Ein Kleinkind würde niemals über das urteilen, was man ihm erzählt, da in diesen Jahren der suprakausale Verstand kaum ausgeprägt ist. Der Ego-Verstand reift erst über die Jahre heran, was aufgrund unserer urteilenden und diskreditierenden Gesellschaft und der Norm vorgebenden staatlichen, gesellschaftlichen und vor allem medialen Komplexität geschieht. Wir lassen uns geistig blenden und handeln daher häufig aus niederen Verhaltensmustern heraus. Dennoch macht uns das nicht zu „bösen“ Menschen. Es gibt überhaupt keine Abgrund tief „bösen“ Menschen, die über keine seelischen Fähigkeiten verfügen. Tief im Inneren eines jeden Menschen gibt es eine intuitive und liebevolle Seite, die niemals erlischen kann. Auch ein Mensch wie Anders Breivik kann beispielsweise nicht abgrundtief schlecht sein. Auch er besitzt eine menschliche Seite. Der einzige Unterschied zu anderen Menschen liegt nur darin, dass er diese so gut wie nicht auslebt und stattdessen vollkommen aus suprakausalen Mustern heraus handelt, ohne sich dessen auch nur im Ansatz bewusst zu sein. Dieser Mensch ist sich seiner empathischen und friedvollen Fähigkeiten in keinster Weise bewusst. Er schwingt aufgrund dessen auf einer energetisch sehr dichten Frequenz. Natürlich rechtfertigt das nicht seine grausamen Taten. Aber auch diese Person ist nur ein Opfer seines eigenen niederen Verstandes. Aufgrund seines stark ausgeprägten suprakausalen Verstandes wurde eine energetisch sehr dichte Realität erzeugt. Er selber hat sich für diesen Weg entschieden, da er letzten Endes genau wie jeder andere Mensch auf diesem Planeten einen freien Willen besitzt. Der freie Wille ist hier ein tragendes Stichwort, denn jeder Mensch hat das Recht selber zu entscheiden, aus welchen Mustern er heraus handelt. Man kann sich selbst aussuchen, wie man lebt, was man im Leben erfahren möchte und wie man sich in gewissen Situationen verhält. Möglich wird dies vor allem durch unseren freien Willen.

Der bedingt freie Wille

Jeder einzelne Mensch besitzt einen freien Willen. Aufgrund des freien Willens können wir uns selbst aussuchen, wie wir unsere eigene Realität gestalten. Natürlich ist die Hauptvoraussetzung zur Realitätsgestaltung der eigene Geist bzw. die eigenen Gedanken. Doch ohne einen freien Willen würden wir nur funktionieren, könnten aber selber keine Entscheidungen treffen. Ohne einen freien Willen könnte kein Mensch das eigene Leben nach eigenen Wünschen gestalten, denn dann hätte man keine Willenskraft und auch keine Ambitionen, die eigene Realität, das eigene Bewusstsein zu verändern. Der freie Wille spendet uns außerdem Kraft, macht uns eigensinnig und sorgt dafür, dass wir Menschen uns frei fühlen können. Um so stärker man dabei den freien Willen auslebt, sich seines freien Willens bewusst wird, desto freier und leichter fühlt man sich dabei. Aus diesem Grund ist es von großer Wichtigkeit, den freien Willen eines Menschen voll und ganz zu respektieren. Es gibt kaum ein beklemmenderes Gefühl, als den freien Willen eines Menschen einzuschränken. Letztendlich raubt das einem nur selbst die Lebenslust und belastet dabei die eigene physische und psychische Konstitution. Jeder Mensch soll seinen freien Willen so ausleben, wie er möchte, solange er dabei keinem anderen Individuum

Schaden zufügt. Ein weiteres sehr beklemmendes Gefühl ist der Verlust des eigenen Willens oder um genauer zu sein, der Verlust der eigenen Willenskraft. Meistens schmälern wir unsere eigene Willenskraft dann, wenn wir uns von bestimmten Dingen abhängig machen. Süchte schmälern immer die eigene Willenskraft und belasten außerdem die eigene Existenz. Dabei wirkt jede Abhängigkeit auf ihre Art und Weise energetisch verdichtend. Selbst kleinere Süchte wie zum Beispiel der morgendliche Kaffee, das tägliche Bonbon oder die abendliche Schokolade, schaden der eigenen Willenskraft. Sie sind im Grunde Dinge, von denen wir in der Regel wissen, dass sie für unseren Körper nicht wohltuend sind. Sobald wir über einen längeren Zeitraum auf diese Dinge verzichten, stärken wir damit unsere eigene Willenskraft, da wir dann Gedanken des geschafften Verzichtes produzieren. Diese Gedanken entdichten das eigene Schwingungsniveau. Man fühlt sich wesentlich besser und gewinnt außerdem viel mehr Lebensenergie. Natürlich fürchtet man sich davor, eine Abhängigkeit abzulegen, doch das Gefühl, die eigene Willenskraft gesteigert zu haben, das Gefühl, etwas mit eisernem Willen überwunden zu haben, spendet einem unheimlich viel Kraft. Der freie Wille weißt aber noch weitere

Besonderheiten und Tatsachen auf. Eine davon ist die Tatsache, dass der freie Wille nur bedingt ist. Der freie Wille ist an sich nur eine Illusion, denn auch wenn wir uns vollkommen frei entscheiden können, so sollte man wissen, dass alles in Existenz bereits vorgeschrieben ist. Egal welche Entscheidung man im Leben trifft, alles läuft genau so ab, wie es sein sollte. Denn sonst wäre es ja anders. Alles ist vorherbestimmt und steht geschrieben in den Weiten des energetischen Kosmos. Alles, was jemals geschah, geschieht und geschehen wird, existiert schon und ist eingebettet in der raumzeitlosen Unendlichkeit des Lebens. Häufig fällt in dem Zusammenhang der Begriff „Akasha Chronik". Mit der „Akasha Chronik", auch Buch des Lebens, universeller Speicher, Raum-Äther, dass fünfte Element, Weltgedächtnis, Sternenhaus der Erinnerungen, Seelenraum oder auch Ursubstanz genannt, ist der Speicheraspekt des energetischen Universums gemeint. Das energetische Gewebe des intelligenten Schöpfergeistes besitzt einen Zustand, der alle vergangenen, gegenwärtigen und zukünftige Ereignisse birgt. Alles steht schon geschrieben, alles soll genau so sein, wie es ist. Aus diesem Grund begeht der Mensch auch im eigentlichen Sinne keine Fehler. Der Mensch neigt des öfteren dazu, vergangene Handlungen oder Taten zu bereuen. Aufgrund dessen macht er sich immer wieder Vorwürfe. Man bezieht aus der gedanklichen Vergangenheit sehr viel Negativität. Dadurch wird der eigene energetische Zustand verdichtet. Man sollte aber verstehen, dass erstens die Vergangenheit nicht mehr existiert und zweitens, dass entsprechende Szenarien einfach so sein sollten. Es sollte natürlich auch so sein, denn ansonsten wären völlig andere Ereignisse eingetreten. Dann hätte man sich für etwas anderes entschieden und eine völlig andere Facette des Lebens erlebt. Es gibt kein physisches Szenario, in dem etwas hätte anders passieren können, ansonsten wäre nämlich etwas anderes passiert. Es ist so geschehen, es sollte halt einfach so sein und nicht anders. Es ist eine Situation aufgetreten, die so wie alle Situation im Leben vorgeschrieben war, eine Situation, die unter keinen Umständen anders hätte verlaufen können. Wenn man zum Beispiel in eine solche Situation kommt und sich selber die Frage stellt, warum man irrational gehandelt hat, dann ist es von Vorteil sich selbst zu sagen, dass alles einfach so sein sollte. Man hat keinen Fehler begangen, sondern nur eine energetisch dichte Erfahrung gemacht, die für die eigene geistige Weiterentwicklung von Nöten war. Wichtig ist in dem Zusammenhang auch die eigene

Einstellung, da man die Welt immer so sieht und erlebt, wie man sie gerne im Rahmen der eigenen subjektiven Wahrnehmung sehen möchte. Wenn man selbst davon überzeugt ist, dass man keine Fehler begangen hat, sondern ausschließlich lehrreiche Erfahrungen erschaffen hat, aus denen man lernen kann, dann erzeugt man durch dieses Denken keine gedankliche Belastung. Es kommt immer nur auf die eigene Einstellung, auf die eigene Überzeugung an. Diese kann man aufgrund des eigenen freien Willens zu jeder Zeit abändern. Der freie Wille ist daher etwas ganz besonderes. Auch wenn er bedingt ist, so macht er uns dennoch zu freien Individualisten, die Herr ihrer eigenen Einstellungen und Entscheidungen sein können. Abseits des freien Willens gibt es aber noch eine andere Form des Willens, den sogenannten göttlichen Willen. Der göttliche Wille ist einfach ausgedrückt ein entdichtetes Handlungs- und Einstellungspotenzial, das tief im Inneren eines jeden Menschen schlummert. Sobald jemand ausschließlich positiv denkt und handelt, liegt die Vermutung nahe, dass diese Person aus dem göttlichen Willen heraus handelt, da man genau das auch von einem Gott erwarten würde. Ein Gott ist seit jeher in unserer Vorstellung unvoreingenommen, urteilsfrei, barmherzig, fürsorglich, ehrlich, hilfsbereit und liebend. Er verkörpert aus menschlicher Sicht betrachtet ausschließlich einen energetisch lichten Zustand. Sobald jemand die zuvor genannten Attribute aus tiefstem Herzen fühlt und auslebt, könnte man durchaus behaupten, dass diese Person aus einem göttlichen Willen heraus handelt. Man verkörpert dann genau das, was man von einem Gott erwartet. Man erzeugt eine göttliche, eine energetisch lichte Realität, in der Liebe und Empathie vorrangig existent sind. Man handelt aus den Urprinzipien der Schöpfung heraus. Man könnte auch sagen, dass man dann das Urprinzip des energetischen Universums verkörpert. Man lebt dann ein ausbalanciertes Leben in vollkommener Harmonie. Bei Menschen, die ein energetisch dichtes Leben führen, könnte man von Dämonen sprechen. Mit Dämonen oder dämonischen Handlungen sind eigentlich nur Menschen gemeint, die kontinuierlich eine energetisch dichte Realität erzeugen. Wenn jemand zum Beispiel mordet, dann sollte man vermuten, dass diese Person situativ aus teuflischen Prinzipien heraus gehandelt hat. Denn genau das würde ja auch ein Teufel oder ein Dämon in unserer Vorstellung tun. Beides sind finstere Gestalten, die in unseren Vorstellungen das Böse verkörpern und ausschließlich negative Handlungen begehen. Wenn ein Mensch also aus energetisch dichten Mustern heraus handelt, könnte man das so formulieren und bewerten, dass diese Person in dem Moment aus teuflischen Mustern heraus handelt. Direkt daran schließt sich auch die physische Erscheinung suprakausaler oder intuitiver Muster an. Wenn jemand aus dem seelischen Verstand heraus handelt und vollkommen gütig und mitfühlend ist, dann kann man in diesem Moment sehen, wie die Seele physisch zum Ausdruck gebracht wird. Genau so kann auch der egoistische Verstand physisch zum Ausdruck gebracht werden. Wenn zum Beispiel jemand sehr wütend ist, dann bringt dieser Mensch in dem Moment seinen egoistischen Verstand physisch zum Ausdruck. Man spürt und sieht dann regelrecht, wie der egoistische Verstand zum Vorschein gebracht wird. Mit solchen Handlungen schadet man jedoch nur den eigenen materiellen und immateriellen Körpern. Man produziert energetische Dichte und belastet so die eigene Existenz. Da aber jeder Mensch einen freien Willen hat, kann sich jeder selbst aussuchen, ob er ein energetisch dichtes oder ein energetisch lichtes Umfeld erzeugen möchte. Man hat selber die Entscheidungsgewalt darüber, aus welchen Mustern man heraus handelt und wie man seine eigene Realität gestaltet. Aus diesem Grund sollte es unsere Pflicht sein, die volle Verantwortung für unser eigenes Handeln zu übernehmen. Erst dann wird einem vollkommen bewusst, was für einen massiven Einfluss man auf das direkte Umfeld ausübt.

Kapitel III: Universelle Gesetzmäßigkeiten

Das Prinzip des Geistes

Um das feinstoffliche Universum in all seiner Fülle verstehen und deuten zu können, ist es wichtig, sich der universellen Gesetzmäßigkeiten wieder bewusst zu werden. Die universellen Gesetzmäßigkeiten, auch hermetische oder kosmische Gesetzmäßigkeiten genannt, sind die Urgesetze der gesamten Schöpfung. Es sind universelle Prinzipien, die schon immer existierten und auf ewig existieren werden. Diese Gesetzmäßigkeiten üben einen massiven Einfluss auf das komplette Leben aus. Sie wirken permanent zu jeder Zeit an jedem Ort auf alles und jeden in Existenz ein. Kein Mensch und auch kein Bewusstsein kann sich der Macht dieser kosmischen Mechanismen entziehen, da sie im Gegensatz zu klassischen physikalischen Gesetzmäßigkeiten nicht nur auf materielle Zustände, sondern auch auf immaterielle Zustände einwirken. All das, was in den Weiten des unendlichen Universums geschieht, alles was man erlebt, fühlt, sieht, erfährt, ist auf Grundlage dieser Gesetzmäßigkeiten zurück zu führen. Es gibt nichts in Existenz, das nicht von diesen Gesetzen begleitet und geprägt wird. In dem Zusammenhang gibt es 7 verschiedene Gesetzmäßigkeiten, mit denen sich das Leben erklären lässt. Jedes einzelne dieser Gesetze erklärt dabei ganz bestimmte Phänomene und Mechanismen, die im geistigen Universum ständig präsent sind und in stetiger Wechselwirkung mit unserem eigenen Bewusstsein interagieren. Die erste universelle Gesetzmäßigkeit ist dabei auch unter dem Prinzip des Geistes bekannt. Im Kapitel „Geist herrscht über Materie" bin ich auf dieses Gesetz schon eingegangen. Dennoch werde ich dieses Gesetz in diesem Abschnitt nochmal aufgreifen. Das Prinzip des Geistes oder der Mentalität besagt, dass alles in Existenz unendlicher Schöpfergeist, sprich Bewusstsein ist. Alles entsteht aus Bewusstsein, aus Gedanken heraus und alles fließt wieder in das Bewusstsein hinein. Geist ist die höchste Instanz in der universellen Schöpfung. Nichts hat einen stärkeren Einfluss als die schöpferische Kraft des Bewusstseins. Geist herrscht über Materie. Entsprechend ist alles erschaffene geistiger Natur. Alle erdenklichen materiellen Zustände sind letztlich nur das Resultat des Geistes. Aus diesem

Grund ist Materie nichts anderes als manifestierte Geistigkeit. Bewusstsein ist die Essenz allen Lebens und hauptverantwortlich für das Gedeihen unseres expandierenden Universums. Ohne Geist könnte kein Leben existieren, da ja alle erdenklichen materiellen Zustände aus Bewusstsein heraus entstehen. Das ganze Leben ist so gesehen nur ein riesiges, alles durchströmendes Bewusstsein. Jedes einzelne Wesen besitzt einen Teil dieses unendlichen intelligenten Geistes. Aus diesem Grund ist auch alles in Existenz miteinander verbunden, denn alles Existierende besteht tief im Inneren aus dem Urgrund des intelligenten Schöpfergeistes. Alles ist Bewusstsein und Bewusstsein ist alles. Es gibt nichts in Existenz ohne Bewusstsein. Dabei ist der bewusste Schöpfergeist in jeder Größenordnung anzutreffen. Ob makro- oder mikrokosmische Organismen, alles wird von Bewusstsein angetrieben und geprägt. Geist weißt aber noch weitere Besonderheiten auf. Er ist aufgrund seiner rein energetischen Struktur ein raumzeitloser Organismus. Bewusstsein ist raumzeitlos, unendlich und kann nicht altern. Das Einzige, was altern kann, ist die physische, materielle Hülle eines Menschen. Bewusstsein besitzt außerdem die Fähigkeit der ständigen Expansion. Es vergeht kein Tag, an dem wir nicht unser eigenes

Bewusstsein erweitern. Unser Geist erfährt jeden Tag eine Bewusstseinserweiterung. Der Mensch ist sich dessen nur noch nicht bewusst, da er diese Begrifflichkeit zu sehr mystifiziert und daher nur bedingt deuten kann. Wenn zum Beispiel jemand das erste Mal in seinem Leben Kaffee trinkt, dann erweitert diese Person dadurch sein eigenes Bewusstsein. Das Bewusstsein hat sich in dem Moment um die Erfahrung des Kaffeetrinkens erweitert. Da das aber eine sehr kleine und sehr unauffällige Bewusstseinserweiterung ist, fällt das dem Menschen, den das betrifft, gar nicht so auf. Wir stellen uns unter Bewusstseinserweiterung in der Regel immer eine bahnbrechende Selbsterkenntnis vor, die das eigene Leben von Grund auf erschüttert. Im Grunde eine Erkenntnis, die den eigenen Horizont massiv erweitert. Eine solche Erkenntnis meint aber lediglich eine große, für den eigenen Verstand sehr auffällige Bewusstseinserweiterung. Das Bewusstsein unterliegt einer ständigen Expansion und ist aufgrund seiner energetischen, raumzeitlosen Beschaffenheit die höchste schöpferisch wirkende Instanz.

Das Prinzip von Ursache und Wirkung

Das Prinzip von Ursache und Wirkung, auch Karma genannt, besagt, dass jede Ursache eine Wirkung erzeugt und das jede Wirkung aufgrund einer gewissen Ursache entstanden ist. Nichts im Leben unterliegt dem Zufall. Zufall ist nur ein Konstrukt unseres suprakausalen Verstandes, um eine Erklärung für unerklärlich erscheinende Geschehnisse zu haben. Geschehnisse, dessen Ursache man noch nicht ergründet hat. Alles geschieht jedoch aus bewussten Handlungen heraus. Das, was uns dabei als Zufall erscheint, ist lediglich eine erfahrene Wirkung, dessen Ursache für einen selber noch nicht verständlich ist. Nichts in den Weiten der universellen Schöpfung geschieht aber einfach so. Alles geschieht gesetzmäßig und unterliegt kosmischen Prinzipien. Aus diesem Grund ist das Universum auch nicht völlig willkürlich und zufällig entstanden. Selbst vermeintliches Chaos ist das Resultat einer bestimmten Ursache, die im Grunde auch einen bewussten und gedanklichen Hintergrund hat. Die Hauptursache einer jeden Wirkung ist dabei auf Gedanken zurückzuführen. Alles entsteht aus Gedanken heraus, jede Wirkung ist dabei nur das Ergebnis eines gedanklichen Hintergrundes. Aus diesem Grund gibt es auch in dem Sinne kein Glück, keine Schuld, kein Pech und dergleichen. Glück bzw. eine energetisch entdichtete Situation erfährt man nur mithilfe des eigenen Geistes. Man erfährt das, was man aussendet und umgekehrt. Dabei sollte man sich bewusst werden, das jede Handlung eine gewisse Konsequenz birgt. Das, was man selbst denkt und fühlt, birgt immer Konsequenzen. Wenn man eifersüchtig ist, dann hat das die Wirkung bzw. die Konsequenz, dass man sich selbst schlecht fühlt und dass man gegebenenfalls seinen Partner mit der Eifersucht belästigt, was wiederum zum Streit führen könnte. Man selber war dann der Auslöser und die Ursache für den Streit. Den Partner trifft in der Situation keine Schuld. Der Partner hat so gesehen nur auf die geschaffene Wirkung entsprechend reagiert. Man ist immer selbst für das verantwortlich, was einem im Leben widerfährt. Man sollte nicht so vermessen sein zu glauben, dass irgendein anderer Mensch die Schuld für die Qualität der eigenen Erfahrungen trägt. Vereinfacht gesagt könnte man auch auch sagen „man erntet immer das, was man sät“. Wer zum Beispiel Liebe sät, der wird keinen Hass ernten. Wer Hass sät, der kann keine Liebe ernten. Schlussendlich halten wir uns aufgrund dieses Gesetzes sehr häufig im Karma-Spiel auf. Mit dem Karma-Spiel ist wiederum eine negativ behaftete Wirkung gemeint, die man immer wieder im Leben erfährt. Hierzu erneut ein kleines Beispiel: Stell dir eine Person vor, die mit einem geliebten Menschen einen schlimmen Streit hatte und daraufhin den Kontakt zu dieser Person abrupt abbrach. Im weiteren Verlauf des Lebens wird diese Person dann immer wieder mit der entsprechenden Wirkung, die aus dieser Situation entstanden ist, konfrontiert werden. Er oder sie wird dann entweder auf geistiger Ebene oder auf materieller Ebene mit diesem vergangenen Konflikt konfrontiert werden. Das Unterbewusstsein wird zwangsläufig den Gedanken an diese Situation aufkommen lassen. Sobald dies geschieht, wird man sich sofort schlecht fühlen, da man aufgrund dieser Situation die damalige Negativität im eigenen Geiste immer und immer wieder aufkommen lässt. Man kann dieses Karma-Spiel schlussendlich nur beenden, in dem man selber die Situation bereinigt und den Streit mit dieser Person beendet. Nur das führt zu einem raschen Ende des selbst auferlegten Karma, was zur Folge hat, dass keine Negativität mehr aus dem Geschehen gezogen wird. Gedanken an diese Situation stimmen einen dann nicht mehr traurig, da man mit der Person, die es betrifft, alles bereinigt hat, was es zu bereinigen gab. Man hat damit das eigene Karma bereinigt und aufgelöst. Wenn man dieses Gesetz versteht und auch nach diesem Gesetz handelt, dann gibt man auch nicht mehr den Mitmenschen die Schuld für das eigene Versagen, da einem klar geworden ist, dass man nur selber für das eigenen Leben und die eigenen Erfahrungen und Erlebnisse verantwortlich ist.

Das Prinzip der Entsprechung

Das Prinzip der Entsprechung oder Analogien besagt, dass es auf jeder Existenzebene eine passende Entsprechung gibt. Man kann das Große im Kleinen und das Kleine im Großen erkennen. Damit ist in erster Linie gemeint, dass man mikrokosmische Vorgänge und Strukturen im Makrokosmos wieder erkennen kann und umgekehrt. Beide Daseinsebenen sind grundverschieden. Sie weisen dennoch im Kern den gleichen strukturellen Aufbau auf. Die Schöpfung spiegelt sich halt in kleineren sowie in größeren Maßstäben wieder, was auf die gleiche innere energetische Beschaffenheit zurück zu führen ist. Alles in Existenz besteht tief im Inneren aus der gleichen energetischen Kraft. Diese Kraft drückt sich materiell auf eine sehr ähnliche Art und Weise aus. Dabei spielen Größenordnungen keine Rolle, ob Universum oder Zelle, beides sind funktionierende Organismen, die aus ein und der selben energetischen Struktur bestehen. Ein Atom weist beispielsweise eine ziemlich ähnliche Struktur auf wie ein Sonnensystem oder ein Planet. Atome besitzen Atomkerne, um die eine gewisse Anzahl an Elektronen kreisen. Auch Galaxien besitzen Kerne, um die verschiedene Sonnensysteme kreisen. Ein Sonnensystem besitzt wiederum im Zentrum eine Sonne, um die Planeten kreisen. Unser Universum ist eines von vielen. Dabei grenzt ein Universum an das nächste. An Galaxien grenzen weitere Galaxien, an Sonnensysteme grenzen weitere Sonnensysteme und an Planeten grenzen auch weitere Planeten. Genau so reiht sich im Mikrokosmos eine Zelle an die nächste und ein Atom reiht sich wiederum an das nächste Atom an. Dabei befinden sich zwischen den einzelnen Objekten immer ähnliche Abstände. Natürlich erscheint uns der Abstand von Sonnensystem zu Sonnensystem gigantisch. Würde man allerdings die Größe eines Sonnensystems besitzen, dann wäre der Abstand für einen selber so normal, wie der Abstand von Haus zu Haus in einer Nachbarschaft. Die atomaren Abstände erscheinen uns dafür beispielsweise sehr winzig. Doch aus der Sicht eines subatomaren Partikels betrachtet, wären atomare Abstände genau so riesig wie für uns galaktische oder universelle Abstände. Abseits dessen besitzen alle Daseinsebenen eine Vielzahl an Leben und universellen Mechanismen. Ob Makro- oder Mikrokosmos, beide Ebenen sind nahezu unendlich und beinhalten eine Vielzahl an Leben und Organismen. Es sind beides grenzenlose Universen, die in all ihrer Fülle nur so vor Leben strotzen. Genau so ist auch der Mensch mit seinen Billiarden von Zellen ein einziges Universum. Der Mensch ist ein Universum, das sich in einem Universum befindet und von unzähligen weiteren Universen umgeben ist. Das Prinzip der Entsprechung besagt außerdem, dass die äußere Welt nur ein Spiegel der inneren Welt ist und umgekehrt. Bezieht man diesen Aspekt auf das menschliche Bewusstsein, dann ist damit gemeint, dass innere Empfindungen und Einstellungen die Sicht auf die äußere Welt prägen und formen. Wenn ich der festen Überzeugung bin, dass mir alle Menschen freundlich gesinnt sind, dann werde ich mit Sicherheit auch nur Freundlichkeit erfahren. Mit meiner Einstellung suche ich nicht die Unfreundlichkeit in einem Menschen, sondern nur die freundlichen Facetten. Ich nehme dann größtenteils die freundliche Gesinnung wahr, da ich die Welt nur aus dieser positiven Empfindung heraus betrachte. Wenn jemand behauptet, dass er die ganze Welt hasst und dass alle Menschen grundsätzlich nur schlecht sind, dann sind für diese Person auch alle Menschen schlecht und böse. Dieser Mensch würde den positiven Aspekt eines Menschen vollkommen außer acht lassen. Er würde in Menschen nur den negativen Aspekt sehen. Er könnte nichts anderes, als nur diesen wahrnehmen, da seine ganze Wahrnehmung letztendlich nur darauf fokussiert wäre. Eine solche Ansicht würde einem aber nur schaden. Wieso sollte man nur nach dem negativen Aspekt eines Menschen suchen, wenn ein solches Denken doch nur eine energetisch dichte Realität erzeugt? Eine solche innere Empfindung würde nur den eigenen energetischen Zustand verdichten und daher den Organismus belasten. Wenn sich jemand über einen längeren Zeitrum müde oder niedergeschlagen fühlt, nicht mehr die Energie besitzt, seine Räumlichkeiten in Ordnung zu halten, dann würde sich sein innerer Zustand, seine innere Empfindung mit sehr großer Wahrscheinlichkeit auf die äußere Welt übertragen. Die äußeren Umstände, die äußere Welt, passt sich dann der inneren Welt an und umgekehrt. Schon nach einer kurzen Zeitspanne würde dann diese Person mit einer selbst ausgelösten Unordnung konfrontiert werden. Wenn die entsprechende Person dann wieder für ein angenehmeres Umfeld sorgt, dann würde sich relativ schnell auch wieder der innere Zustand verbessern. Veränderungen beginnen also immer in einem selbst. Wenn man sich selbst verändert, dann verändert sich auch das gesamte Umfeld. Und da jeder Mensch einen freien Willen besitzt und Schöpfer seiner eigenen gegenwärtigen Realität ist, kann auch jeder Mensch zu jeder Zeit an jedem Ort seine eigene Realität, seine eigene Empfindung verändern. Genau so ist auch die eigene Einstellung zu jeder Zeit abänderbar. Wenn jemand abfällig über das Leben eines anderen Menschen urteilt, dann bekommt die urteilende Person dadurch zwangsläufig die Möglichkeit, eigene Wertvorstellungen abzuändern. Man kann innerhalb eines Moments eigene suprakausale Verhaltensmuster und Einstellungen studieren, überdenken und revidieren.

Das Gesetz der Resonanz

Das Gesetz der Resonanz oder auch das Gesetz der Anziehung genannt besagt einfach ausgedrückt, dass Gleiches immer Gleiches anzieht. Überträgt man dieses Konstrukt auf das energetische Universum, dann ist damit gemeint, dass Energie immer Energie der gleichen Intensität anzieht. Ein energetischer Zustand zieht immer einen energetischen Zustand der gleichen feinstofflichen Beschaffenheit an. Auf der anderen Seite stößt sich Ungleiches ab. Energetische Zustände, die eine andere Intensität, eine andere Schwingung aufweisen, können nicht gut miteinander interagieren. Das, was man selber denkt und fühlt, das, wovon man vollkommen überzeugt ist, zieht man dabei zwangsläufig immer in die eigene Realität. Wenn man selber voller Angst ist und sich alle Gedanken nur darauf konzentrieren, dann hat das zur Folge, dass man nur noch weitere Ängste in sein Leben zieht. Man potenziert dadurch in einem nicht unerheblichen Maße das eigene Gefühl der Angst. Wenn man zum Beispiel wütend auf eine Person ist oder Wut aufgrund einer gewissen Situation erzeugt wird, dann nimmt diese Wut mit jedem Nachdenken über diese Situation zu. Dieses Prinzip kann man durchaus auch auf das Phänomen des Raucherentzugs beziehen. Wenn man mit dem Rauchen aufhört, dann tritt der Wunsch, eine Zigarette zu rauchen, erst dann auf, wenn man konzentriert an das Rauchens denkt. Je länger man über das Rauchen nachdenkt, desto stärker manifestiert sich das Gefühl in der eigenen Realität. Das Ganze geschieht dann in der Regel so lange, bis man dem Gefühl nachgibt und wieder raucht. Oder man macht das so lange, bis man dazu in der Lage ist, sich selbst abzulenken, um nicht mehr daran denken zu müssen. Da die gesamte Existenz eines Menschen ausschließlich aus schwingender Energie besteht, zieht die eigene Existenz immer nur energetische Zustände, die ein ähnliches Schwingungsniveau haben, in das eigene Leben. Das persönliche Verhalten und die persönlichen Empfindungen bestimmen dabei die gesamten Lebensumstände. Ein energetisch entdichteter Zustand erzeugt und zieht entdichtete Energie an. Ein energetisch dichter Zustand erzeugt und zieht wiederum energetische Dichte an. Wenn jemand mit Krankheit, Wut und Trauer in Resonanz steht, dann erhöht das die Wahrscheinlichkeit, dass man diese Dinge in der eigenen Realität erfahren wird. Wenn man sich selber suggeriert, dass man zum Beispiel an Hautkrebs erkranken wird, dann erhöht das die Wahrscheinlichkeit, irgendwann an dieser Krankheit zu erkranken. Das Universum reagiert nach dem Gesetz der Resonanz immer auf eigene Vorstellungen und Empfindungen. Aus diesem Grund können auch Placebos eine entsprechende Wirkung erzeugen. Durch die feste Überzeugung an eine Wirkung erzeugt man deren Wirkung. Genauso funktioniert es auch mit dem Aberglauben, mit Glück, Pech und weiteren Glaubensmustern. Wie schon im Verlaufe des Buches erwähnt gibt es eigentlich kein Glück und auch kein Pech. Nur wir selber sind dafür verantwortlich, ob wir Glück/entdichtete Energie oder Pech/dichte Energie in unserem Geiste kreieren. Wenn jemand eine schwarze Katze sieht und überzeugt ist, dass ihm Unheil widerfahren wird, dann könnte das auch durchaus passieren. Die schwarze Katze wird sicherlich nicht für Unheil sorgen. Eine tragende Rolle spielt dabei vielmehr die feste Überzeugung, der feste Glaube und Aberglaube, diesen Gedanken in die eigene Realität zu ziehen. Dieses Prinzip ist auf jedes abergläubische Konstrukt übertragbar. Ob das der schwarze Teller ist, von dem man isst, der zerbrochene Spiegel oder die schwarze Katze. Pech bzw. ein energetische Dichte (in diesem Fall die Angst vor dem Unheil) werden wir nur dann erfahren, wenn wir daran glauben, davon überzeugt sind. Dieses Prinzip verdeutlicht nochmal, wie machtvoll der eigene Geist, das eigene Bewusstsein ist. Geist herrscht über Materie. Mithilfe des Gesetzes der Resonanz sind wir in der Lage, bereichernde Ereignisse und Situationen in unser Leben zu ziehen. Man selber ist für das, was man im eigenen Leben erlebt, verantwortlich. Nur man selber kann daher eigene, selbstauferlegte Missstände und Disharmonien beheben.

Das Prinzip der Harmonie

Das Prinzip der Harmonie oder des Ausgleichs besagt, dass die komplette Schöpfung ausschließlich nach harmonischen Zuständen strebt. Alles in Existenz strebt zur Harmonie, zum Ausgleich hin mit dem Ziel, disharmonische Zustände zu meiden. Harmonie ist das

Fundament unseres Lebens und zeitgleich der größte Antrieb eines Menschen. Die Hauptintention der meisten Menschen ist das Erlangen eines harmonischen, freudvollen und zufriedenen Zustands. Dabei wird alles getan, um dieses Ziel zu erreichen. In unserer Welt ist es ja bekanntlich nicht ganz einfach, eine vollkommen harmonische Realität zu erschaffen, da wir mithilfe unseres egoistischen Verstandes sehr häufig disharmonische Gedankengänge und daraus resultierende disharmonische Geschehnisse und Ereignisse erzeugen. Dennoch strebt jeder Mensch danach, in einem harmonischen Miteinander zu leben. Im Grunde genommen wandert kein Geschöpf einzig und allein durchs Leben, um ausschließlich disharmonische und nachhaltige Zustände zu erschaffen. Wir alle möchten doch nur in Frieden leben und dafür Sorge tragen, dass unsere Familien und unsere Mitmenschen in Sicherheit und sozialer Gerechtigkeit, in Harmonie und Frieden existieren können. Aufgrund des harmonischen Strebens sind wir ständig motiviert, das Leben weiter auszukosten, selbst wenn es für einen selber manchmal kaum mehr auszuhalten ist. Harmonie, Liebe und Freude sind Empfindungen, Zustände, die uns Lebensenergie spenden und unserem Leben einen Sinn geben. Kein Wesen lebt auf diesem Planeten, um ausschließlich Leid und Qualen zu erleiden. Wieso sollte man auch? Die Schöpfung ist so konzipiert, dass energetisch dichte Zustände einen selber nur schaden, begrenzen und die eigene Gesundheit in Schach halten. Freude, Harmonie und Liebe, sprich energetisch lichte Zustände, spenden einem hingegen wieder Kraft und treiben den eigenen Geist an. Wenn der Mensch keine Liebe und keine Freude empfinden könnte, dann wäre er gar nicht überlebensfähig, denn dann würde der Mensch aufgrund eines permanent extrem dichten energetischen Zustands seine eigene psychische und physische Konstitution zerschießen. Doch nicht nur der Mensch strebt nach harmonischen Zuständen, auch Tiere, Pflanzen, Zellen, ja sogar Atome haben dieses Harmoniebedürfnis nach ausgeglichenen Zuständen. Ein Tier möchte im Grunde genommen auch nur, dass es ihm gut geht und dass es in Frieden leben kann. Natürlich erzeugen auch Tiere disharmonische Zustände. Ein Löwe geht zum Beispiel jagen und tötet dabei andere Tiere. Dies macht er jedoch nicht weil er gemein und böse ist, sondern weil es für die Intakthaltung seines Lebens und seines Rudels von Nöten ist. Auch Pflanzen streben nach harmonischen, gedeihenden Zuständen und setzen dabei alles daran, um zu blühen und um intakt zu sein. Selbst

Atome streben nach ausgeglichenen, nach energetisch stabilen Zuständen. Bei Atomen geschieht dies durch eine mit Elektronen vollbesetzte Außenschale. Atome, dessen Außenschalen mit Elektronen nicht vollbesetzt sind, nehmen aufgrund ihrer durch den positiven Kern ausgelösten Anziehungskräfte von anderen Atomen Elektronen auf, bis die Außenschale vollbesetzt ist. Die Elektronen Abgabe erfolgt wiederum von Atomen, dessen vorletzte Schale vollbesetzt ist. Dadurch wird die vorletzte, vollbesetzte Schale zur äußersten Schale (Oktettregel). Selbst in der atomaren Welt findet also ein permanentes Geben und Nehmen statt. Ein weiteres Beispiel wäre die Temperaturanpassung zweier Gegenstände. Wenn man einen heißen Gegenstand mit einem kalten Gegenstand zusammenbringt, dann gleichen sich die Temperaturen so lange an, bis diese die gleiche Temperaturen besitzen. Wenn man kochendes Wasser in eine kühle Tasse gibt, dann passt sich die Temperatur des Wassers an die Tasse und die Temperatur der Tasse an das Wasser an. Nach einer gewissen Zeit besitzen dann beide Objekte die gleiche Temperatur. Bringt man ein positiv geladenes Teilchen und ein negativ geladenes Teilchen zusammen, so gleichen sich ihre Ladungen umgehend aus. Anhand dieser Beispiele wird nochmal deutlich, dass alles, was in makrokosmischer Ordnung geschieht, genau so auf mikrokosmischer Ebene abläuft. Harmonie ist das Grundprinzip der Schöpfung. Wenn wir von diesem gedeihenden und stärkenden Elixier des Lebens trinken, dann übt das einen sehr erfüllenden Einfluss auf unser Bewusstsein aus.

Das Prinzip von Rhythmus und Schwingung

Das hermetische Prinzip von Rhythmus und Schwingung besagt, dass alles in Existenz sich in ständiger Bewegung befindet. Alles unterliegt einem ständigen Fluss von Veränderung und Bewegung. Nichts bleibt so, wie es ist. Alles unterliegt einem ständigen Zustand der Aktivität. Jeglicher materieller Zustand besitzt eine schwingende energetische Struktur. Diese Struktur kann niemals aufhören, sich zu bewegen oder zu schwingen. Das Einzige, was geschehen kann, ist eine Verminderung oder Erhöhung des Schwingungsniveaus. Dies geschieht, in dem ein energetischer Zustand sich verdichtet oder entdichtet. Man spricht hier auch von einem Frequenzwechsel. Das komplette Universum wechselt permanent seine Frequenz und unterliegt aufgrund seiner ständigen Aktivität einer durchgehenden Veränderung. Bewegung und die daraus resultierenden Veränderungen sind maßgeblich für das Gedeihen von Bewusstsein. Dieses Prinzip kann man auch

1:1 auf uns Menschen übertragen. Das Leben eines Menschen wird ständig von Veränderung und Bewegung geprägt. Wenn ein Mensch sich in diesem Fluss befindet, diesen akzeptiert und danach handelt, dann überwindet er Starrheit und entdichtet aufgrund seiner gelebten Flexibilität seinen eigenen energetischen Zustand. Alles, was starr ist und keine Veränderung bewusst zulässt, muss über die Zeit zerbrechen. Ein Mensch, der zum Beispiel tagtäglich über Jahre hinweg 1:1 aus den immer gleichen Schemata heraus handelt und keine Veränderung zulässt, der erzeugt eine energetisch dichte Realität, da der Fluss der Bewegung von dieser Person nicht gelebt wird. Veränderung ist daher essentiell für unser physisches und psychisches Gedeihen. Aus diesem Grund übt Spontanität einen beflügelnden Einfluss auf uns selber aus, da man so eigene Gewohnheiten durchbricht und dadurch direkt aus diesem hermetischen Prinzip heraus handelt. Aus diesem Grund ist auch Sport eine sehr wichtige Betätigung, um den eigenen energetischen und physischen Körper zu stärken und dauerhaft zu stabilisieren. Bewegung stärkt die eigene Psyche und kann energetische Blockaden lösen. Das Prinzip von Rhythmus und Schwingung besagt aber noch etwas anderes. Es besagt, dass alles in Existenz verschiedenen Rhythmen und Zyklen unterliegt. Das ganze

Leben wird ständig von diversen Zyklen begleitet. Diese Zyklen üben einen verändernden Einfluss auf unseren Organismus aus. Dabei gibt es größere und kleinere Zyklen, die das Leben prägen. Kleinere Zyklen sind zum Beispiel der weibliche, monatliche Menstruationszyklus, der Tag-Nacht-Zyklus oder die periodischen Wasserbewegungen der Ozeane (Gezeiten). Größere Zyklen wären wiederum die 4 Jahreszeiten, der universelle 26000 Jahre-Zyklus oder zum Beispiel der Reinkarnationszyklus, der seit Tausenden von Jahren für jede Seele von statten geht. Ein weiterer bedeutender Zyklus ist der Zyklus unseres Universums. Unser materielles Universum entstand aus einem Urknall heraus. Es expandiert und fällt schließlich wieder in sich zusammen. Auch Zyklen veranschaulichen sehr deutlich, dass Veränderung und Bewegung permanent im Universum präsent sind. Alles fließt und bewegt sich, alles fließt aus der ewig währenden Schöpfung heraus, um am Ende des Tages wieder in diese Schöpfung hinein zu fließen. Um den eigenen energetischen Zustand entdichtet zu halten, wäre es also von Vorteil, sich dem Prinzip von Rhythmus und Schwingung anzupassen, um Veränderung sowie Bewegung in der eigenen gegenwärtigen Realität zu leben.

Das Prinzip der Polarität und der Geschlechtlichkeit

Das hermetische Prinzip der Polarität und der Geschlechtlichkeit ist eine weitere universelle Gesetzmäßigkeit, die besagt, dass abseits der energetischen Konvergenz ausschließlich polaritäre Zustände herrschen. Innerhalb der Dualität existieren immer zwei polaritäre Aspekte. Dies sind zwei verschiedene Nuancen, die trotz ihrer unterschiedlichen Beschaffenheit im Kern eins sind. Alles ist ein Paar von Gegensätzen. Dennoch bestehen gegensätzliche Mechanismen aus ein und der selben feinstofflichen Struktur. Hitze und Kälte sind zwei verschiedene Zustände, die komplett andere Attribute besitzen und sich dennoch nur in dem Hauptpunkt unterscheiden, dass sie eine andere Schwingungsfrequenz aufweisen. Dennoch sind beide Zustände Frequenzen, die im Inneren aus der identischen raumzeitlosen energetischen Struktur bestehen. Da es Licht gibt, gibt es auch Dunkelheit. Es gibt Harmonie, folglich existiert auch Disharmonie. Schlechte Dinge sind der Grundstein für weitere schlechte Dinge. Da es energetisch dichte Zustände gibt, muss es auch zwangsläufig energetisch lichte Zustände geben. Eine Münze hat immer zwei Seiten, die eine Einheit bilden, da beide Seiten Bestandteil der ein und der selben Münze sind. Um Reichtum zu erfahren, müssen wir zwingender Weise immer zuerst die Erfahrung des Mangels erleben. Dualitäre Zustände sind permanent in unserer 3-dimensionalen Welt präsent. Sie sind wichtig, um das polaritäre Prinzip des Lebens zu verstehen. Wenn es keine Dualität gäbe, dann könnte man dieses Konstrukt nicht erfahren und aus diesem Prinzip auch nicht lernen. Man kann Liebe nicht zu schätzen wissen, wenn es nur Liebe gäbe. Man könnte Dunkelheit nicht definieren, differenzieren oder erfahren, wenn es nur Dunkelheit gäbe. Dann wäre Dunkelheit kein polaritärer Zustand mehr, sondern ausschließlich Normalität. Deswegen ist das Leben in der Dualität für die eigene geistige Reife von außerordentlicher Bedeutung. Nur aufgrund dualitärer Prinzipien können wir selber dualitäre Erfahrungen machen und aus diesen Erfahrungen eigenen Schlüsse ziehen. Aus diesem Grund besitzt auch der Mensch einen egoistischen und einen intuitiven Verstand. Man kann den intuitiven Verstand nur verstehen und vollkommen ausleben, wenn man im Gegenzug den egoistischen Verstand erfahren hat und umgekehrt. Da man selbst Schöpfer der eigenen Realität ist, ist man auch so gesehen Schöpfer eigener polaritärer Zustände. Unser Bewusstsein ist polaritätslos, erschafft aber eine dualitäre Welt. Unsere

Gedanken besitzen im Kern auch keine dualitären Strukturen. Dualität entsteht erst dann, wenn wir unsere Gedanken mit negativen oder positiven Empfindungen beleben. Aus diesem Grund sind auch Urteile und Bewertungen dualitäre Aspekte. Durch Urteile erzeugt man im eigenen Bewusstsein immer Polarität. Wenn ich mir die Meinung eines Menschen zu irgend einem Thema durchlese und mir im Anschluss daran denke, dass das alles Unsinn sei, dann erzeuge ich in diesem Moment selber Dualität, da ich die Meinung des anderen bewerte, sie als schlecht oder falsch interpretiere. Durch Urteile und Bewertungen entsteht also immer Polarität. Umgehen kann man dies, in dem man entsprechende Geschehnisse nicht bewertet und aus einer vollkommen neutralen Sicht heraus betrachtet. Wenn jemandem die Meinung eines anderen Menschen nicht sonderlich gefällt, dann hat man im Grunde durchaus das Recht, das erst einmal so zu sehen. Das wäre dann aktuell die ehrliche Empfindung seiner eigenen Realität, die keiner anderen Person Anlass geben sollte, sie zu diskreditieren. Jeder Mensch erzeugt in dem Zusammenhang seine eigene Realität, die größten Respekt verdient. Das Gesetz der Polarität und Geschlechtlichkeit besagt außerdem, dass alles abseits feinstofflicher Mechanismen weibliche und männliche

Elemente besitzt. Weibliche und männliche Prägungen sind innerhalb der Dualität überall anzutreffen. Sie sind von ihrem Wesen her komplementär. Dadurch wird auch nochmal das Gesetz der Harmonie und des Ausgleichs deutlich. Obwohl Frauen und Männer von Grund auf sehr verschieden sind, ziehen sie sich dennoch gegenseitig an. Der eine Pol kann halt ohne den anderen Pol nicht existieren. Frauen besitzen zudem männliche Aspekte und Männer weibliche Aspekte. Das Gehirn eines Menschen besitzt beispielsweise eine männliche und eine weibliche Hemisphäre. Dabei ist die rechte Gehirnhälfte die weibliche, die sogenannte intuitive Hemisphäre. Die linke Gehirnhälfte ist die männliche, die analytische Hemisphäre. Das Licht ist die männliche Ausdrucksform Gottes und Liebe ist die weibliche Ausdrucksform der göttlichen Instanz. Geschlechtlichkeit ist auch nur ein dualitäres Prinzip, das aus dem göttlichen Urgrund des bewussten Schöpfergeistes heraus entsteht. Überall wo dualitäre Zustände anzutreffen sind, findet man auch Geschlechtlichkeit. Dualitäre Zustände können grundverschieden erscheinen. Sie besitzen dennoch immer eine vollkommen identische Herkunft. Dies ist die die Herkunft des bewussten Schöpfergeistes. Wenn man sich jetzt rückblickend die universellen Gesetzmäßigkeiten anschaut, dann kristallisiert sich aus den Prinzipien eine universelle Gesetzesgebung, eine kosmische Ordnung heraus, die schon seit jeher massiven Einfluss auf unsere Leben hatte. Wir alle unterliegen diesen 7 Gesetzmäßigkeiten. Wir können dabei die Macht dieser Kräfte entweder nutzen oder diesen Mächten unterliegen. Ob wir uns dieser Prinzipien bewusst sind oder nicht spielt dabei keine Rolle. Ihre Wirkung ist ständig präsent und übt daher einen verändernden Einfluss auf unsere komplette Existenz aus. Es liegt nur an uns, wie wir mit diesen Gesetzmäßigkeiten umgehen. Es liegt an uns, ob wir sie nutzen, um eine energetisch entdichtete oder eine energetisch dichte Realität zu schöpfen. Wir haben dabei glücklicherweise immer die Wahl.

Kapitel IV: Die heilige Geometrie

Der goldene Schnitt

Abseits der universellen Gesetzmäßigkeiten drückt sich die Schöpfung auch noch in anderen Bereichen aus. Ein Bereich davon bezeichnet man auch als heilige Geometrie oder göttliche Symbolik. Die göttliche Symbolik existiert schon seit tausenden von Jahren. Sie trat dabei immer wieder auf unterschiedliche Art und Weise in Erscheinung. Die heilige Geometrie bezeichnet dabei mathematische und geometrische Phänomene, die in perfektionistischer Ordnung dargestellt werden können und ein Abbild des harmonischen Urgrundes darstellen. Dabei verkörpert die heilige Geometrie die Unendlichkeit der immer währenden Schöpfung. Sie signalisiert uns Menschen, dass es kosmische Figuren und Muster gibt, die aufgrund ihrer Schönheit, Vollkommenheit und Perfektion einen Ausdruck des feinstofflichen Kosmos darstellen. Die heilige Geometrie wurde dabei schon von den verschiedensten antiken Hochkulturen gezielt genutzt, um majestätische und langlebige Bauwerke zu errichten. Dabei gibt es unzählige göttliche Symbole, die alle auf ihre Art und Weise das Prinzip des Lebens in sich tragen und veranschaulichen. In diesem Kapitel werde ich auf die bedeutendsten und bekanntesten heiligen geometrischen Muster eingehen und erklären, warum diese schon das Leben vergangener Zivilisationen stark prägten. Ein sehr bekanntes und immer wieder in der Natur in Erscheinung tretendes göttliches, mathematisches Muster wird dabei als der goldene Schnitt bezeichnet. Der goldene Schnitt, auch Phi oder die göttliche Teilung genannt, ist ein mathematisches Phänomen, das überall in der Schöpfung in Erscheinung tritt. Es bezeichnet dabei einfach ausgedrückt ein harmonisches Verhältnis von zwei

Größen. Die Zahl Phi (1.6180339) gilt dabei als eine heilige Zahl, da sie die geometrische Struktur allen materiellen und immateriellen Lebens verkörpert. In der Architektur hat der bisher wenig beachtete goldene Schnitt eine ganz besondere Bedeutung. Mit ihm lassen sich Bauwerke errichten, die erstens eine gewaltige harmonische Atmosphäre ausstrahlen und zweitens die Jahrtausende überdauern können. Dies wird vor allem dann deutlich, wenn man sich zum Beispiel die Pyramiden von Gizeh anschaut. Die Pyramiden von Gizeh so wie alle Pyramiden ähnliche Gebäude (Maya Tempel) weisen eine ganz besondere Baustruktur auf. Sie wurden nach den Formeln Pi und Phi erbaut. Nur mithilfe dieser besonderen Baustruktur konnten die Pyramiden Jahrtausende überdauern, ohne in ihrer Gesamtstruktur brüchig oder instabil zu werden, obwohl diese in der Vergangenheit von mindestens 3 schweren Erdbeben betroffen waren. Ist es nicht sehr erstaunlich, dass es antike Bauwerke gibt, die bis ins kleinste Detail perfekt konstruiert wurden und eine so lange Zeitspanne überdauern konnten, ohne in irgend einer Art und Weise zu zerfallen? Wenn man ein Gebäude aus unserer Epoche über Jahrhunderte hinweg wartungsfrei ruhen lassen würde, dann würde das entsprechende Gebäude marode werden und in sich zusammen fallen. Eine weitere interessante Tatsache ist, dass die Zahlen Pi und Phi laut unserer Geschichtsschreibung zu der damaligen Zeit gar nicht bekannt waren. Die ersten Hinweise auf die Kreiszahl Pi fand man auf dem Papyrus Rhind, eine altägyptische mathematische Abhandlung, die auf ca. 1550 v. Chr. geschätzt wird. Der goldene Schnitt Phi wurde wiederum das erste Mal von dem griechischen Mathematiker Euklid ca. 300 v. Chr. wissenschaftlich dokumentiert. Die Pyramiden wurden aber laut unserer Wissenschaft auf knapp über 5000 Jahre geschätzt, was im Grunde aber auch nicht dem wahren Alter entspricht. Über das genaue Alter gibt es nur sehr unpräzise Quellenangaben. Man kann jedoch von einem Alter von über 13000 Jahren ausgehen. Eine Erklärung zu dieser Annahme liefere ich im Kapitel VI „der kosmische Zyklus". Überhaupt weisen die Pyramiden von Gizeh sehr viele Ungereimtheiten auf, die alle samt unzählige unbeantwortete Fragen aufkommen lassen. Für die große Pyramide von Gizeh, auch Cheops Pyramide genannt, wurde vor dem Bau beispielsweise ein felsiges Plateau von insgesamt 6 Fußballfeldern geschliffen und anschließend mit großen Steinblöcken, die mindestens ein Gewicht von über 1 Tonne besaßen, ausgelegt. Für die Pyramide an sich wurden abseits der

2.300.000 Millionen Kalksteinquader 130 Granitblöcke verbaut, die zwischen 12 und 70 Tonnen schwer waren. Sie wurden von einem Felshügel, der 800 Kilometer entfernt war, abgetragen. Innerhalb der Pyramide befinden sich 3 Grabkammern, von denen die Königskammer sowohl horizontal, als auch vertikal perfekt ausgearbeitet wurde. Dabei wurde eine Präzision im Zehntelmillimeter Bereich erreicht. Die Cheops-Pyramide besitzt hingegen üblicher Annahmen 8 Seiten, denn die 4 Flächen sind leicht gewinkelt, was natürlich nicht ein Zufallsresultat ist, sondern vielmehr eine bewusst meisterlich konstruierte Bauleistung darstellt. Eine weitere erstaunliche Tatasche ist die, dass ein 100 m langer Gang in den Felsuntergrund geschlagen wurde. Dieses monumentale Bauwerk wurde dabei in nur 20 Jahren erbaut und das zu einer Zeit, in der die alten Ägypter weder Eisen, geschweige denn Stahl kannten. Da stellt sich einem doch ernsthaft die Frage, wie die damaligen Ägypter, die laut unserer Geschichtsschreibung ein sehr einfach strukturiertes Volk waren, lediglich Steinwerkzeuge, Bronzemeißel und Hanfseile besaßen, diese schier unmögliche Aufgabe bewältigten? Nun, dies war möglich, da die Pyramiden von Gizeh nicht von einem einfachen frühzeitlichen Volk, sondern von einer früheren Hochkultur erbaut wurden.

Eine Hochkultur, die unserer Zeit weit voraus war und den goldenen Schnitt bestens verstand. Die Menschen dieser Hochkulturen waren voll bewusste Wesen, die den energetischen Kosmos in Vollendung verstanden haben und sich ihrer multidimensionalen Fähigkeiten voll bewusst waren. Warum die damaligen Hochkulturen verschwanden und weshalb unsere derzeitige Zivilisation sich in naher Zukunft auch wieder zu einer Hochkultur entwickeln wird, erläutere ich im weiteren Verlaufe des Buches. Der goldene Schnitt weißt aber noch weitere faszinierende Besonderheiten auf. Eine davon wird sichtbar, wenn man eine beliebige Strecke mit der Konstanten Phi streckt und die daraus resultierenden Strecken als Seiten eines entsprechenden Rechtecks verwendet. Dadurch entsteht ein sogenanntes goldenes Rechteck. Das goldene Rechteck hat die Besonderheit, dass man das größtmögliche Quadrat davon abspalten kann, wodurch wiederum ein weiteres goldenes Rechteck entsteht. Wenn man dieses Schemata wiederholt, dann entstehen immer wieder neue kleinere goldene Rechtecke. Wenn man im Anschluss daran in jedes entstandene Quadrat einen Viertelkreis zeichnet, dann ergibt sich daraus eine logarithmische Spirale bzw. eine goldene Spirale. Solch eine Spirale ist ein Abbild der

Konstante Phi. Phi lässt sich also als eine Spirale darstellen. Diese Spirale ist wiederum ein mikro- und makrokosmischer Ausdruck des allgegenwärtigen Schöpfergeistes.

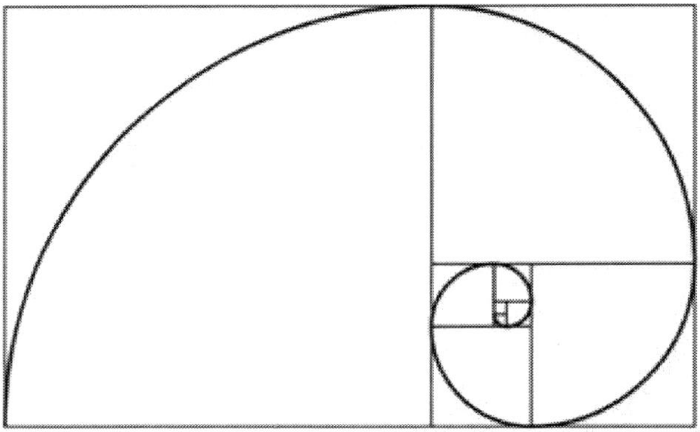

Abbildung 3 - Goldene Spirale

Hier schließt sich auch wieder der Kreis. Man gelangt letztendlich zu der Feststellung, dass das gesamte Universum ein in sich schlüssiges und perfekt erdachtes System ist, welches sich immer wieder auf unterschiedliche und dennoch ergänzende Art und Weise ausdrückt. Phi ist eine göttliche Konstante, die überall im Leben anzutreffen ist. Sie ist ein Symbol für die unendliche und perfektionistische Schöpfung. Es gibt aber noch weitere göttliche Symbole. Ein weltbekanntes, heiliges Symbol ist die Blume des Lebens.

Die Blume des Lebens

Die Blume des Lebens ist ein weiteres heiliges Symbol, das aufgrund ihrer harmonischen 19 ineinander verschlungenen Kreise in Unendlichkeit abgebildet werden kann. Sie stellt ein Urmuster des schon immer existierenden Kosmos dar. Es ist eines der ältesten bekannten Symbole auf unserem Planeten. Es ist ein Symbol des Schutzes und steht genau wie die Zahl Phi für die ewig währende Präsenz des Schöpfergeistes.

Abbildung 4 - Blume des Lebens

Die Blume des Lebens ist daher ein energetisches Symbol, das verdeutlicht, dass das Leben eine nie endende Reise ist. Dieses Symbol steht dabei für die Unendlichkeit des Seins. Sie gehört dabei genau wie der goldene Schnitt der heiligen Geometrie an und repräsentiert dabei die kosmische Ordnung. Die Blume des Lebens symbolisiert außerdem den gedeihenden und kontinuierlich schwingenden Fluss des Universums. Darüber hinaus ist ihre Symbolik tief in Kulturen Kreisen verwurzelt. Sie übte schon mehrfach in der Vergangenheit einen inspirierenden Einfluss auf diverse Künstler aus. Die Blume des Lebens stellt außerdem ein Abbild unserer ersten Zellen dar, denn die Anordnung unser ersten 8 Urzellen besitzt aus energetischer Sicht betrachtet die Form dieser majestätischen Symbolik. In diesen ersten 8 Urzellen ist der Sinn unserer kompletten Existenz, unseres kompletten Dasein gespeichert. Alle Lebensaufgaben, Talente, Informationen, Möglichkeiten und Fähigkeiten sind in diesen 8 Urzellen enthalten. Aus diesem Grund ist die Blume des Lebens auch eine Art Erinnerung an unsere persönliche Schöpfung. Die Blume des Lebens ist auch Repräsentant des sogenannten“Ich bin“. Mit „Ich bin“ ist die göttliche Gegenwart gemeint, denn jeder Mensch ist ja bekanntlich Schöpfer seiner eigenen gegenwärtigen

Realität. Das „Ich“ steht dabei für göttlich. Das „Bin“ oder „Sein“ für das Prinzip der individuellen Gegenwart. Dies ist auch ein weiterer Grund, warum das Universum auf persönliche Glaubensmuster und Empfindungen reagiert. Wenn man sich innerlich aus tiefster Überzeugung sagt, dass man krank ist, dann sagt man damit indirekt, dass der eigene gegenwärtige göttliche Zustand krank oder erkrankt ist. Man erschafft aufgrund dieser Annahme und der festen Überzeugung an diesen Zustand eine Realität, in der man Krankheit gedanklich erschafft. Die Blume des Lebens ist genau wie der goldene Schnitt Phi ein Teil der universellen Sprache. Sie ist ein Ausdruck dafür, dass alles in Existenz auf energetischer Ebene miteinander verbunden ist. Schon die damaligen Hochkulturen kannten die Blume des Lebens und dessen komplexe Hintergründe. Aus diesem Grund wurde dieses Symbol quer über den Globus verteilt. Es ist an den verschiedensten heiligen Orten anzutreffen. Sie tritt in fast allen Kulturkreisen in Erscheinung und wurde dabei jedes mal in höchster Präzision und Perfektion dargestellt. Die Blume des Lebens und das unterdrückte Wissen rund um dieses Symbol wurde uns von Hochkulturen bewusst weitergegeben, in dem Wissen, dass die Menschheit eines Tages dieses Mysterium wieder entschlüsseln wird. Deshalb findet man die Blume des Lebens auch an heiligen und mystischen Orten wieder, Orte die vor mehreren Tausenden von Jahren von diversen Hochkulturen besiedelt waren. Die älteste Abbildung der Blume des Lebens ist dabei schätzungsweise rund 5000 Jahre alt. Diese entdeckte man in perfektionistischer Abbildung in Ägypten an den Säulen des Tempels von Abydos. Eine weitere schätzungsweise 2000 Jahre alte Abbildung fand man in Zentralasien in einem tibetischen Kloster. In der verbotenen Stadt in China findet man die Blume des Lebens wiederum vor dem „Tor der höchsten Harmonie", bedeckt auf einer Kugel unter der Pfote eines Wächterlöwen. In Europa findet man das Ornament an Balken zahlreicher Fachwerkhäuser in der Altstadt von Straßburg. In einem Kloster auf Kreta ist das Symbol auf beiden Seiten einer zweischiffigen Kapelle zu finden. Sogar in der Londoner Westminster Abbey Kirche ist die Blume des Lebens im Mosaik aus dem 13. Jahrhundert verewigt. Man fand außerdem entsprechende Abbildungen in Israel, Indien, Mexiko, Japan, Spanien, Dänemark, Bulgarien, Türkei, Armenien, Norwegen, Irland, Schweden und in unzähligen anderen Ländern. Auch hier stellten sich schon etliche Wissenschaftler die Frage, wie damalige Zivilisationen dieses Muster in einer solchen Perfektion abbilden konnten und woher die damaligen Kulturen dieses Symbol kannten. Doch nicht nur Wissenschaftler und Mystiker rätseln über dieses heilige Symbol, selbst damalige Künstler wie zum Beispiel der weltbekannte Naturphilosoph Leonardo da Vinci ließ sich von der Blume des Lebens mehrfach inspirieren. Er beschäftigte sich sehr intensiv mit der Form und den mathematischen Proportionen dieses göttlichen Symbols. Die Blume des Lebens übt aufgrund ihrer perfekten Proportionen einen faszinierenden Einfluss auf uns Menschen aus. Sie besitzt darüber hinaus eine stark harmonisierende Wirkung. Aus diesem Grund ist dieses Ornament auch Balsam für unsere Seele und kann alleine schon durch die bloße Betrachtung eine energetische Entdichtung in der eigenen Realität bewirken. Eine weitere interessante Tatsache ist die, dass sich die Blume des Lebens aus weiteren heiligen geometrischen Formen zusammensetzt. Diese werden in der Geometrie auch die platonischen Körper genannt. Mit den platonischen Körpern sind 5 geometrische Formen gemeint, die allem zu Grunde liegen und die Basis aller strukturellen Formen darstellen.

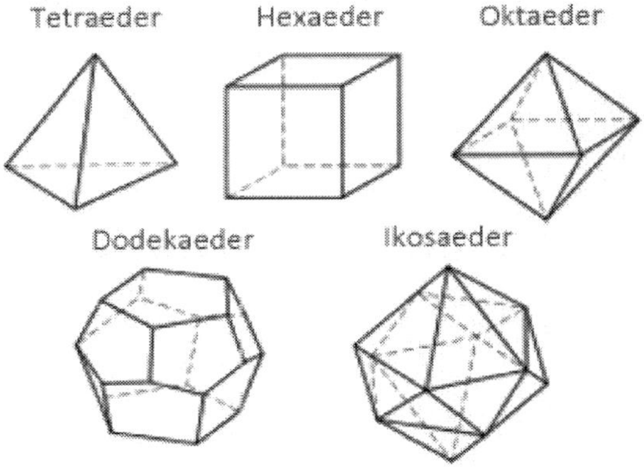

Abbildung 5 - Platonische Körper

Die platonischen Körper wurden dabei das erste Mal ausführlich von dem griechischen Philosophen Platon ca. 400 v. Chr. Beschrieben. Dabei fand er in seinen persönlichen Studien heraus, dass diese Körper ein paar ganz besondere Merkmale aufwiesen. Die platonischen Körper sind nämlich die einzigen 3-dimensionalen Körper, dessen Kanten eines Körpers die gleiche Länge haben, dessen Seiten die gleichen regelmäßigen Flächen aufweisen und dessen Flächenwinkel in einer Ecke die gleiche Proportion besitzen. Aufgrund dieser Einzigartigkeit ordnete Platon jedem einzelnen platonischen Körper eines der bekannten 5 Elemente zu, dem Tetraeder Feuer, dem Hexaeder Erde, dem Oktaeder Luft, dem Dodekaeder Äther, was wiederum für Feinstofflichkeit steht und dem Ikosaeder Wasser. Als heiliges Symbol für die platonischen Körper steht wiederum der Metatron Würfel, denn dieser Würfel setzt sich aus allen platonischen Körpern zusammen und wird dabei aus der Blume des Lebens hergeleitet. Dieses Symbol wird auch sehr oft als das männliche Pendant zur Blume des Lebens

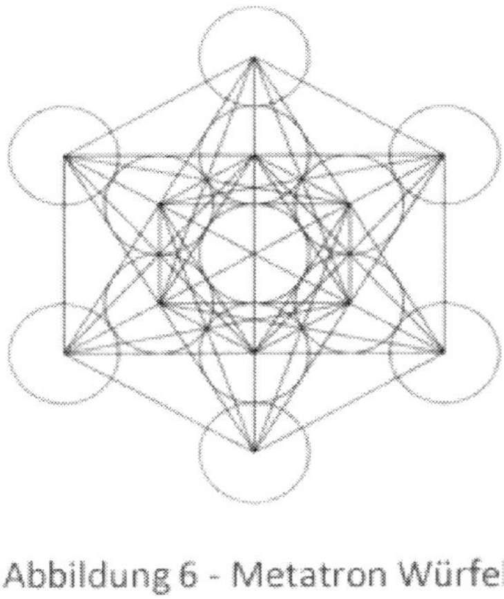

Abbildung 6 - Metatron Würfel

betrachtet. Da der Metatron Würfel eine Vereinigung der platonischen Körper darstellt, sich aus diesen auch zusammensetzt, stellt er zeitgleich eine Vereinigung der 5 Elemente dar. Er ist genau wie die Blume des Lebens ein heiliges Symbol, das für den energetischen Kosmos steht und ein Abbild der ewig währenden Schöpfung darstellt. Es ist ein grundlegendes Schöpfungsmuster, das auf simple Art und Weise verdeutlicht, dass die gesamte Existenz ein in sich schlüssiges und unendliches Gefilde aus bewussten Mechanismen ist. Auch hier stellt man wieder fest, dass die Schöpfung sich immer in ergänzenden und dualitär aufeinander abgestimmten Phänomenen ausdrückt. Es gibt aber noch weitere Ausdrucksformen der Schöpfung. Eine dieser modernen Ausdrucksformen bezeichnet man als die Fraktale Geometrie der Natur.

Fraktale geometrische Muster

Die fraktale Geometrie bezeichnet in der Natur vorkommende Formen und Muster, die in Unendlichkeit abgebildet werden können und die natürliche Ordnung der Schöpfung widerspiegeln. Es sind abstrakte Muster, die aus kleineren und größeren Mustern bestehen und die in ihrer strukturellen Beschaffenheit wiederum nahezu identisch sind. Man spricht hier auch häufig von der sogenannten Fraktalität. Damit wird die besondere Eigenschaft von Materie und Energie bezeichnet, die sich in immer gleichen, wiederholenden Formen und Mustern auf allen Daseinsebenen ausdrückt. Die fraktale Geometrie wurde dabei in den 80er Jahren von dem revolutionären Mathematiker Benoît Mandelbrot mithilfe eines IBM-Computers entdeckt und begründet. Mandelbrot stellte mithilfe eines Computers eine millionenfach wiederholende Gleichung bildlich dar. Er stellte dabei fest, dass die daraus resultierenden Grafiken in der Natur vorkommende Strukturen und Muster darstellen.

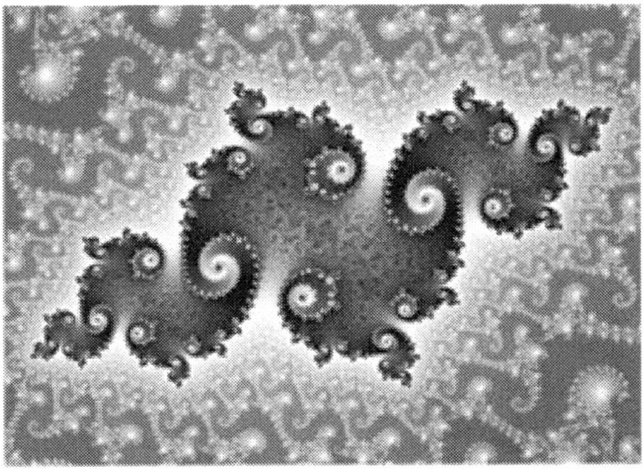

Abbildung 7 - Fraktal

Diese Erkenntnis war damals bahnbrechend. Vor der Entdeckung Mandelbrots gingen nämlich alle renommierten Mathematiker und Wissenschaftler davon aus, dass man komplexe natürliche Strukturen wie zum Beispiel die Struktur eines Baumes, die Struktur eines Berges oder auch den strukturellen Aufbau eines Blutgefäßes nicht berechnen könne, da solche Strukturen ausschließlich das Resultat des Zufalls sind. Dank Mandelbrot änderte sich diese Ansicht aber grundlegend. Mathematiker mussten anerkennen, dass die Natur einem konsequenten Plan, einer höheren Ordnung folgt und das jegliche natürliche Muster mathematisch berechnet werden können. Aus diesem Grund kann man die fraktale Geometrie auch als eine Art moderne heilige Geometrie ansehen. Schließlich ist sie ja eine Form der Geometrie, mit der man natürliche Muster, die ein Abbild der Gesamten Schöpfung darstellen, berechnen kann. Dementsprechend schließt sich die klassische heilige Geometrie dieser mathematischen Entdeckung an, denn heilige geometrische Muster sind aufgrund ihrer unendlichen, perfektionistischen und in sich wiederholenden Darstellung ein Teil der fraktalen Geometrie. Der goldene Schnitt Phi, die Blume des Lebens und der Metatron-Würfel weisen allesamt fraktal typische Merkmale auf. Und ausgerechnet diese heiligen Symbole stellen ein Abbild des energetischen Urgrundes da. Viele künstlich geschaffene fraktale Muster fallen auch durch bekannte Formen und Strukturen auf. In dem Zusammenhang tauchte vor allem die Spirale immer wieder in verschiedenen fraktalen Grafiken auf. Es sind Spiralen, die genau wie die bildliche Darstellung des goldenen Schnittes eine unendliche und in sich wiederholende Konstellation aufweisen. Die fraktale Geometrie der Natur war daher ein Meilenstein in den 80er Jahren. Sie stellt die Grundlage verschiedener heutiger technischer Errungenschaften dar. Dank der fraktalen Entdeckung erlebten wir eine Revolution in der Computertechnik, der Satellitentechnik und sogar in der Medizin. Durch fraktale geometrische Verfahren konnten Computereffekte ein neues Level erreichen und deutlich präzisere Effekte darstellen. Fraktale Antennen erlauben uns eine deutlich breitflächigere Informationsaufnahme. In der Medizin nutzt man fraktale Modelle, um beispielsweise karzinogenes Zellgewebe deutlicher zu erkennen und um die Verzweigung von Blutgefäßen besser darzustellen. Die heilige Geometrie ist also weiterhin eine Veranschaulichung dafür, dass es keinen Zufall gibt und dass alles in Existenz einer höheren Ordnung folgt. Alles hat demzufolge seinen geordneten Platz im Universum. Die gesamte Schöpfung folgt einem geordneten Plan, der einem energetischen Universum unterliegt. Alle Dinge sind das Resultat eines bewusst konstruierenden und bewusst schaffenden Schöpfergeistes.

Die Merkaba

Die Merkaba, auch Lichtkörper, göttlicher Thronwagen, interdimensionales Vehikel, Himmelsgefährt oder multidimensionales Fahrzeug genannt, ist ein weiteres heiliges Gebilde, das jedes Geschöpf in Existenz umgibt und diverse heilige Geometrien enthält. Es ist ein kristallines Energiefeld, das den Ursprung unseres gesamten Energiefelds birgt und einen extrem energetisch entdichteten Zustand aufweist. Bildlich dargestellt besteht die Merkaba aus 2 ineinander geschobenen Sterntetraedern. Diese Tetraeder besitzen wiederum männliche analytische und weibliche intuitive Anteile. Diese Tetraeder finden sich auch im Metatron-Würfel wieder und gehören daher der heiligen Geometrie an. Das Wort Merkaba setzt sich dabei aus verschiedenen Phrasen zusammen. Mer steht dabei für Licht oder gegenläufig rotierendes Lichtfeld, Ka für den Geist bzw. das individuelle Bewusstsein und Ba für den Körper. Jeder Mensch besitzt ein solches Energiefeld, er wird von diesem umgeben und auf allen existenziellen Ebenen von diesem göttlichen Feld durchdrungen. Dieses komplexe Lichtfeld ist Träger aller Informationen. Es ermöglicht uns Menschen, geistig zu reifen und neue universelle Bewusstseinsstufen zu erreichen. Das Lichtfeld wird dabei mit energetisch lichten Erfahrungen gespeist. Es besitzt bei jedem Menschen eine individuelle Größe. Je mehr positive Gedanken und Handlungen man erzeugt, desto gedeihender wirkt sich das auf den Zustand dieses Licht-Kraft-Feldes aus. In vielen spirituellen Kreisen wird daher vermutet, dass die Merkaba der Schlüssel ist, um vollkommene Glückseligkeit zu erlangen. Dieses Ziel versucht man durch eine Merkaba-Aktivierung zu erreichen. Sehr viele Quellen berichten auch davon, dass man mit diesem energetischen Konstrukt in der Lage ist, interstellar zu reisen und sogar die komplette Schöpfung erkunden kann. Auch wenn das sehr abenteuerlich klingt, so besitzt in der Tat jeder Mensch das Potenzial der interstellaren Reise. Auf diese Art und Weise reisten viele voll bewusste Menschen in den früheren Hochkulturen quer durch die Galaxis. Um dieses außerordentlich hohe Ziel zu erreichen, müssen aber einige Grundvoraussetzungen erfüllt sein. Einer der wichtigsten Voraussetzungen ist ein freier und unvoreingenommener Geist. Man keinen seinen eigenen energetischen Zustand nicht breitflächig entdichten, wenn man von Grund auf etwas ablehnt oder verurteilt bzw. in diesem Falle das Wissen rund um den eigenen Lichtkörper ablehnt. Im Anschluss daran schließt sich direkt ein gewisses Grundverständnis für den energetischen Kosmos an. Es ist kaum möglich, interstellar zu reisen, wenn man daran keinen Glauben hat und so gut wie kein Hintergrundwissen rund um energetische Mechanismen besitzt. Denn dann erzeugt man eine Realität, in der interstellare Reisen für das eigene Bewusstsein nicht existent sind. Die wichtigste Voraussetzung, um interstellar reisen zu können, ist natürlich die Erzeugung einer vollkommen energetisch entdichteten Realität und daran anschließend die Erzeugung eines energetisch lichten physischen Körpers. Alles besteht ja wie schon bereits mehrfach erwähnt aus schwingender Energie. Jeder Mensch besitzt dabei ein individuelles Schwingungsniveau. Man könnte auch sagen, dass jeder Mensch auf einer ganz bestimmten Frequenz schwingt. Es gibt unendlich viele Frequenzen. Jeder Mensch wechselt permanent seinen eigenen frequentierten Zustand. Gerade in dem Moment, in dem ich diese Zeilen schreibe, besitzt meine komplette Realität eine völlig individuelle Frequenz. Wenn ich zum Sport gehe, dann unterliegt meine Frequenz einem

Wechsel, da ich dadurch eine andere Facette meiner Realität erlebe. Genau so besitzt auch der physische Körper eine eigene Schwingungsfrequenz. Diese Frequenz ist ausschlaggebend, um universelle Reisen antreten zu können. Um so entdichteter der eigene energetische Zustand ist, desto feinstofflicher wird dabei der eigene physische Körper. Der materielle Körper ist ausschließlich das Resultat eines dichten energetischen Zustandes. Um so lichter das eigene Gedanken- und Handlungsspektrum wird, desto lichter wird dabei auch die eigene physische Präsenz. Die Teilchen im physischen Körper gewinnen dann an Geschwindigkeit. Wenn man zu irgendeinem Zeitpunkt eine vollkommen positive bzw. lichte Realität geschaffen hat, dann schwingt der eigene physische Körper so schnell, beziehungsweise so hoch, dass man automatisch einen komplett feinstofflichen Zustand erlangt. Der eigene Geist erfährt dann eine körperliche Dematerialisierung und erlangt dadurch einen vollkommen raumzeitlosen Zustand. Das Bewusstsein ist schon raumzeitlos, man kann geistig an jeden Ort reisen, den man sich vorstellt. Dennoch ist man an einen 3-dimensionalen Körper gebunden, der sich innerhalb der Raumzeit fortbewegt. Wenn die eigene physische Präsenz sich dematerialisiert, dann erlangt man einen raumzeitlosen Zustand und erreicht dadurch jeden Ort, den man sich vorstellt. Da man dann einen dematerialisierten Zustand erreicht hat, ist man vollkommen eins mit dem feinstofflichen Universum. Man erfährt dann das, was man erfahren möchte. Das besondere dabei ist, das man sich nach Erreichung dieses Ziels zu jeder Zeit wieder materialisieren kann und dadurch jeden 3-dimensionalen Ort bereisen kann. Menschen, die eine solches Ereignis miterlebt haben, also Menschen, die die Materialisierung eines anderen Menschen oder humanoiden Wesens erfahren haben, bezeichneten diese „Wesen" auch als Engel. Ein Engel ist im Grunde ein Wesen, das innerhalb seiner Inkarnation eine vollkommen feinstoffliche Realität erschaffen hat und dadurch die Fähigkeit der interstellaren Reise erlangt hat. Ein Wesen, das sich wieder materialisiert, kann unwahrscheinlich viel Licht und Liebe ausstrahlen. Deshalb beschreibt man auch Engel als mit gütigem Licht ausstrahlende Wesen. Eine weitere interessante Tatsache ist die, dass die Merkaba bei der aktivierten Verwendung die Form eines Ufos, einer klassischen Untertasse annimmt. Das geschieht aufgrund einer enormen Ausdehnung des Lichtkörpers. Aus diesem Grund sind auch manche Ufo-Sichtungen auf interstellar reisende

Wesen zurückzuführen. Das bezieht sich jedoch nicht auf alle Ufo-Sichtungen. Unser Planet wird ständig von außerirdischen Wesen bereist. Viele dieser Wesen stammen aus außerirdischen Zivilisationen, die das Leben vollkommen verstehen und auf Grundlage dessen Untertassen förmige Raumschiffe zur Bereisung diverser Galaxien entwickelt haben. Über dieses Wissen verfügen sogar einige wenige Menschen auf unserem Planeten. Aufgrund der Merkaba besitzt jeder Mensch das Potenzial zur Dematerialisierung. Es ist wichtig zu wissen, dass eng an diese Dematerialisierung auch noch andere Fähigkeiten geknüpft sind. Sobald sich die eigene gegenwärtige Realität dematerialisiert, erlangt man augenblicklich den heiligen Gral der Schöpfung. Man erlangt einen vollkommen unsterblichen Zustand. Der Mensch ist an sich schon ein unsterbliches Wesen. Er besitzt eine unsterbliche Seele, eine gewisse energetische Präsenz (mehr dazu in Kapitel V „der Reinkarnationszyklus"). Dennoch besitzt der Mensch eine sterbliche, physische Hülle, die altert und irgendwann zerfällt. Wenn die eigene physische Präsenz eine dematerialisierten Zustand erreicht hat, dann erlangt man automatisch Unsterblichkeit, da man sich dann voll bewusst in einer raumzeitlosen und energetisch entdichteten Dimension fortbewegt. Man benötigt dann keinen Körper mehr und kann dennoch zu jeder Zeit an jedem Ort eine materielle Präsenz nach Belieben erschaffen. Man wird dann letztlich auch nicht mehr in Situationen geraten, in denen man sterben könnte. Man schwingt ja schließlich infolge des dematerialisierten Zustands auf einer Frequenz, in der jegliches existierendes Wissen allgegenwärtig ist. Da man dann keiner Raumzeit mehr unterliegt, befindet man sich in einem Zustand des permanenten Wissens. Man erlangt dann das Wissen um die eigene Existenz und besitzt einen vollständigen Einblick in das eigene vergangene, gegenwärtige und zukünftige Leben. Es ist aber ein sehr weiter Weg, um solch einen göttlichen Zustand zu erreichen. Um diesen Zustand zu erreichen ist es außerordentlich wichtig, dass man seinen eigenen suprakausalen Verstand komplett ablegt bzw. auflöst und eine Realität erschafft, in der man nicht mehr urteilt und bewertet, sondern nur noch einen harmonischen Zustand schöpft, in dem man alles in der Schöpfung bedingungslos akzeptiert und liebt. Daran ist leider auch zwingend das Loslassen von sämtlichen materialistischen Besitztümern geknüpft, denn der Gedanke an besitzende materielle Güter lässt immer den Gedanken an den Verlust dieser aufkommen. Ein solcher Gedanke erzeugt immer einen energetischen dichten Zustand. Natürlich ist es schwer, sich von gewissen Gütern zu trennen. Auch ich selber besitze Dinge, von denen ich mich aktuell noch nicht trennen kann. Dennoch ist es eines meiner Ziele, irgendwann vollkommen ohne Besitz zu leben. Ich möchte aber noch einmal auf den Lichtkörper zurück kommen. Jeder Mensch besitzt einen individuellen Lichtkörper, jeder Mensch arbeitet bewusst oder unbewusst an dessen Struktur. Dieser Prozess ist im Grunde ein Automatismus. Es ist eine Entwicklung, die über einen längeren Zeitraum vonstatten geht. Dies geschieht über mehrere Leben hinweg und wird uns Menschen dank des Reinkarnationszyklus ermöglicht.

Kapitel V: Reinkarnation – Das Leben nach dem Tod

Der Reinkarnationszyklus

Hinsichtlich des Lebens nach dem Tod gibt es bei uns Menschen oft sehr unterschiedliche Ansichten zu diesem schier unüberblickbaren Mysterium. Einige glauben an ein Prinzip von Himmel und Hölle, andere wiederum glauben an einen Eintritt ins sogenannte Nichts, ein Ort, an dem nichts existiert und man selbst der eigenen Existenz beraubt wird. Wiederum andere spekulieren auf eine Reinkarnation. Sie sind der festen Überzeugung, dass das

Leben von einem gigantischen Zyklus der Wiedergeburt kontinuierlich über Jahrtausende hinweg geprägt wird. In der Tat ist der Reinkarnationszyklus ein existierender Kreislauf, der jedes Leben leitet und dafür sorgt, dass wir Menschen einem ständigen Prozess von Leben, Tod und Wiedergeburt unterliegen. Wir alle sind im Grunde inkarnierte Seelen, die in eine dualitäre Welt geboren werden, um eine Trennung der göttlichen Konvergenz zu erfahren, die uns lehren soll, aus diesen Prinzipien des Lebens zu lernen. Diese Entwicklung geschieht dabei über mehrere Leben hinweg. In dieser Zeit durchläuft unsere Seele verschiedene Leben mit dem Ziel, sich selbst zu erfahren, um wieder eins mit der Schöpfung zu werden. Diese Aufgabe wird dabei erfüllt, in dem man selber den eigenen energetischen Zustand vollkommen entdichtet. Von Leben zu Leben lernen wir neue Zeitalter und Ansichten kennen, gewinnen neue Moralitäten, lernen neue Mechanismen kennen, sammeln neue Erfahrungen, handeln aus dualitären Mustern heraus und entwickeln uns dabei stets weiter. Aus diesem Grund tauchen auch immer wieder Kinder auf, die sich detailgetreu an ein früheres Leben erinnern können, die sich präzise an frühere Familien, Wohnorte und Umgebungen erinnern. Natürlich sind das Ausnahmefälle. In der Regel kann sich der Durchschnittsmensch nicht an sein früheres Leben erinnern. Mit der Wiedergeburt erhält man nämlich ein neues physisches Gewand. Diese neue physische Präsenz verwehrt einem den Zugang zu diesem riesigen Informationspool. Dennoch existiert das Wissen um sämtliche vergangene und mögliche zukünftige Inkarnationen, sicher eingebettet im energetischen Kosmos. Jeder Mensch besitzt dabei das Potenzial, auf dieses Wissen zuzugreifen. Dies geschieht durch eine synchrone Anpassung unserer eigenen Frequenz. Alles besteht aus energetischen Zuständen die auf Frequenzen schwingen. Genau so besitzt auch dieses Wissen eine eigene Schwingungsfrequenz. Um das Wissen wieder zu erlangen, ist es daher erforderlich, die eigene Frequenz an die Frequenz des Wissens anzupassen. Im Gegensatz zu alltäglichem Wissen besitzt dieses Wissen aber ein enorm entdichtetes Schwingungsniveau. Aus diesem Grund kann man sich dessen nur bewusst werden, in dem man das eigene Schwingungsniveau so lange entdichtet, bis man auf der selben Frequenz schwingt. Wenn man einen vollständigen dematerialisierten Zustand erreicht, erlangt man dieses Wissen automatisch. Man schwingt dann in eine raumzeitlose Dimension hinein und hat Zugriff auf jegliches existierendes Wissen. Sobald dies geschieht, erlangt man sofort das Wissen um die eigenen vergangenen Inkarnationen. Man erfährt dann den eigenen kosmischen Namen, die Herkunft der eigenen Seele und den Sinn bzw. die Lebensaufgabe der eigenen Existenz. In unserer heutigen Welt spekuliert ein Großteil der Weltbevölkerung auf einen Reinkarnationszyklus. Einige deuten dieses Prinzip als Fakt für das ewige Leben, andere verbinden diesen Zyklus wiederum mit einem Fluch, der uns in einem kosmischen Spiel gefangen hält. Selbst Buddha sah den Reinkarnationszyklus anfänglich als einen Fluch an und verstand nicht, wie man diesen beenden könnte. Abseits dessen verstand er nicht, wieso es so viel Leid auf diesem Planeten gibt und warum man dieses Leid nicht beenden kann. Irgendwann erkannte er jedoch seinen egoistischen Verstand und verstand daraufhin, dass jegliches Leiden, jegliche Ängste und sämtliche selbstauferlegte Bürden ausschließlich von diesem Verstand erzeugt werden. Dieser mystische Moment ist auch als Buddhas Erleuchtung bekannt. Buddha hatte die Erleuchtung, dass er nicht aus seiner wahren menschlichen Natur handelte, sondern viel mehr aus seinem suprakausalen Verstand. Als er diesen niederen Verstand ablegte, stellte er fest, dass der Mensch nur eines benötigte und das ist Frieden, Liebe und

Harmonie. Fortan lehrte Buddha diese Prinzipien und prägte mit dieser Erkenntnis folgende Generationen. Leider verstanden nur die wenigsten Menschen seine Lehren. Sie hielten sich auch weiterhin im Spiel der Wiedergeburt gefangen. Es dauert halt seine Zeit, den Zyklus der Schöpfung zu verstehen. Jede einzelne Seele benötigt dafür ihren ganz individuellen Zeitraum. Doch nicht nur Buddha lehrte den Reinkarnationszyklus. Selbst Jesus Christus wusste um den Reinkarnationszyklus Bescheid. Er lehrte dieses Prinzip seinen Jüngern und Mitmenschen. Das ist auch der Grund, weshalb Jesus bedingungslose Liebe verkörperte und seinen Mitmenschen nur Liebe und Frieden entgegen brachte. Er war in der uns bekannten vergangenen Menschheitsgeschichte einer der weit entwickeltesten Menschen. Er verstand, dass Gott permanent präsent ist, dass man Göttlichkeit erlangen kann, in dem man durch energetisch entdichtete Zustände bzw. positive Gedanken- und Handlungsstränge eine eigene göttliche Realität schöpfen kann. Natürlich wurde dieses Wissen von der Kirche völlig aus dem Zusammenhang gerissen und vollkommen für persönliche Zwecke missbraucht. Das, was die Kirche lehrt, hat nichts mit den damaligen Lehren von Jesus Christus zu tun. Es ist viel mehr eine okkultistische

Darstellung des Lebens. Die Kirche verachtete die Lehren Jesus Christus, da sein Wissen die Menschen geistig frei machen konnte. Aus diesem Grund wurde sein Wissen bewusst verfälscht. In den darauf folgenden Jahren predigte das Christentum alles andere als positive Werte. Hauptsächlich wurde Angst und Schrecken verbreitet. Jahrhunderte lang wurde von der Kirche publiziert, dass man Angst vor dem Tod und der Hölle haben muss und sich vor Versündigungen in Acht nehmen sollte. In all den Jahren war die Kirche darauf bedacht, diese Verbote zu dogmatisieren, um die Menschen zu willenlosen Sklaven zu machen. Sie säte eine Weltansicht, die überwiegend von Angst und Tyrannei geprägt war. Angst vor dem Tod muss man aber nicht haben, denn so gesehen gibt es keinen Tod, lediglich einen Frequenzwechsel, bei dem man in eine neue und alte vertraute Welt eintaucht. Die Hölle gibt es in dem Sinne auch nicht, die Hölle ist viel mehr ein energetisch dichter Bewusstseinszustand, ein niedrig schwingender Schöpfergeist, der aufgrund dieses Zustandes eine weitere energetisch dichte Realität erzeugt. Aus diesem Grund könnte man auch unseren derzeitigen Planeten als Hölle betrachten, denn unser Planet wird von Kriegen, Leid und Ungerechtigkeit fortwährend beherrscht. Man lebt auf einem von

Menschenhand geschaffenen energetisch dichten Planeten. Sünden gibt es in dem Sinne, wie die Kirche es publiziert, im Grunde auch nicht. Es gibt nur Handlungen, die den eigenen energetischen Zustand verdichten oder entdichten können. Am Ende des Tages läuft alles wieder nur auf energetische Zustände hinaus. Und genau hier befindet sich auch die Zauberformel für die Meisterung des Reinkarnationszyklus. Ausschlaggebend für das Beenden des eigenen Reinkarnationszyklus ist nämlich das eigene energetische Potenzial.

Das energetische Potenzial

Das energetische Potenzial ist das Potenzial bzw. die Fähigkeit der energetischen Veränderung. Die eigene energetische Grundlage verändert sich permanent und unterliegt dadurch durchgehend einem Prozess von Verdichtung und Entdichtung. Dabei fließen sämtliche Gedanken, Einstellungen, Glaubenssätze, moralische Vorstellungen und Handlungen in den eigenen energetischen Zustand mit ein. Da man sich in einem Zyklus der Wiedergeburt befindet, erfährt man in unzähligen verschiedenen Inkarnationen diverse Konflikte und Gegebenheiten, die die eigene Realität prägen und verändern. Man gewinnt neue Ansichten und erweitert dadurch stets das eigene Bewusstsein. Hinzu kommt, dass die Seele von Leben zu Leben eine engere Verbindung zum eigenen Bewusstsein erlangt und dadurch stärker zum Ausdruck kommt. Es könnte beispielsweise sein, dass man in einem Leben die Erkenntnis erlangt, Tiere nicht töten zu dürfen, weil das Töten von Tieren nicht mit moralischen Grundwerten in Einklang steht. Diese Einstellung brennt sich dann in die eigene Realität ein und wird im nächsten Leben schon von Kindheit an Präsenz zeigen. Man hat dann eine Einstellung, ein gewisses Gefühl aus einer vergangenen Inkarnation in eine neue Inkarnation transportiert. Deshalb erhöhen wir von Inkarnation zu Inkarnation unsere energetische Grundschwingung so lange, bis wir schließlich den eigenen energetischen Zustand derart entdichtet haben, um endlich in der Lage zu sein, diesen lehrreichen Zyklus durchbrechen zu können. Man entwickelt sich über Jahrtausende weiter und wird immer wieder in diese Welt geboren, um diesen gigantischen Zyklus zu verstehen, um auf Grundlage dessen bewusst die eigene Realität weiter zu entdichten. In dieser Zeit erleben wir außerdem ein dualitäres Dasein und erfahren die Getrenntheit des göttlichen Urgrundes. Aufgrund dieser Getrenntheit fühlt sich der Mensch häufig alleine gelassen. Er handelt nicht zwangsläufig im

Interesse anderer Menschen. Man muss erst verstehen und vor allem fühlen, dass die komplette Schöpfung eins ist und das man auf feinstofflicher Ebene mit allem verbunden ist. Man muss selbst erleben, dass das Handeln im Interesse anderer Menschen den eigenen energetischen Zustand entdichtet und dass ein solches empathisches und selbstloses Handeln ein Energie spendender Aspekt des eigenen Schöpfergeistes ist. Wenn man diese Erkenntnis erlangt, dann bewegt man sich auf das Ende des Reinkarnationszyklus zu. Man versteht dann, dass Gott permanent präsent ist und erlangt dadurch einen immer lichteren energetischen Zustand. Irgendwann besitzt die eigene energetische Grundlage einen derart entdichteten Zustand, dass man den Reinkarnationszyklus beendet. Dennoch ist es möglich, den Reinkarnationszyklus schon ein paar Ebenen früher zu umgehen. Dies geschieht, in dem man gelernt hat, den eigenen Tod ohne Dematerialisierung zu meistern. Dies geschieht durch Beenden bzw. dem Rückgang des eigenen Alterungsprozesses. Der Alterungsprozess eines jeden Menschen ist umkehrbar. Wenn man dieses Ziel erreicht, beendet man den eigenen Reinkarnationszyklus, da man aufgrund der Tatsache, dass man nicht mehr altern kann, auch nicht mehr sterben kann. Um den Alterungsprozess rückgängig zu machen, bedarf es aber einiger wichtiger Komponenten. Zum einen muss man die eigene energetische Grundlage stark entdichten, denn nur eine vollkommen harmonische, glückliche und friedvolle Realität übt einen heilenden und verjüngenden Einfluss auf den Organismus aus. Zum anderen sollte man verstehen, dass der Alterungsprozess von dem eigenen Bewusstsein ausgelöst wird. Man altert hauptsächlich, da man der festen Überzeugung ist, dass man altert. Diesen Alterungsprozess zelebriert man einmal jährlich. An jedem Geburtstag redet man sich ein, dass man älter geworden ist, was zur Folge hat, dass man tatsächlich älter wird. Durch den festen Glauben an diesen Mechanismus wird dieser in der eigenen Realität präsent. Direkt daran ist natürlich die eigene physische Grundlage gekoppelt, die man durch eine natürlichen Ernährung energetisch ausbessern kann. Sämtliche unnatürliche Lebensmittel belasten den eigenen Körper, da sie ein saures Zellmilieu auslösen, einen sauerstoffarmes Umfeld schaffen, das Immunsystem schwächen, freie Radikale begünstigen und den eigenen hormonellen Haushalt aus dem Gleichgewicht bringen. Aus diesem Grund sollte man für die Umkehrung des Alterungsprozesses sich so natürlich wie nur möglich ernähren. Dazu zählt hauptsächlich sämtliches Gemüse, Obst, Vollkornprodukte, Sojaprodukte, Hafer, Hülsenfrüchte, Superfoods, Kräuter, bestimmte Gewürze und viel klares Wasser. Sehr geeignet ist dabei frisches Quellwasser. Fertiggerichte, Süßigkeiten, genmanipulierte Lebensmittel, Weißmehl Produkte, Aspartam, Glutamat, Fast Food und vor allem tierische Proteine und Fette sämtlicher Art schaden dabei unserem energetischen Zustand. Vor allem tierische Proteine und Fette werden in dem Zusammenhang immer wieder diskutiert und als natürliche Energiequellen bezeichnet. Es ist aber alles andere als natürlich, einem anderen Lebewesen das Leben zu nehmen, nur um es anschließend zu verspeisen und um die eigene Gier nach Geschmacksbefriedigung immer und immer wieder zu stillen. Außerdem enthält jedes tote Tier die im Fleisch verankerte hormonelle Information des Todes, die beim Verzehr in den eigenen Organismus gelangt und den eigenen energetischen Zustand verschlechtert. Wenn man sich vollkommen natürlich ernährt, eine ausschließlich positives Gedanken- und Handlungsspektrum erzeugt, wenn man ein vollkommen entdichtetes Bewusstsein erlangt, dann kehrt man automatisch den Alterungsprozess um und überwindet den Reinkarnationszyklus. Der Hauptfaktor zur Beendigung des

Reinkarnationszyklus ist also das Nutzen des eigenen verborgenen energetischen Potenzials. Jeder Mensch kann dieses Potenzial entfesseln und dadurch eine energetisch lichte Realität schöpfen. Wir alle haben unzählige Inkarnationen durchlebt. Wir sind dutzende Male gestorben, wurden wiedergeboren, nur um eines Tages den heiligen Gral der Schöpfung wiederzuerlangen. Die Erfahrung des „Todes“ war dabei für das eigene Leben von großer Bedeutung, denn gerade in dieser Zeit findet eine ganz spezielle Neuorientierung statt.

Leben nach dem Tod

Das Leben eines Menschen wird im Reinkarnationszyklus von einem Aspekt geprägt, der für den Menschen das größte Mysterium überhaupt darstellt und das ist der Tod. Der Mensch lebt auf diesem Planeten in ständiger Weiterentwicklung und Veränderung. In dieser Zeit unterliegt der Körper solange dem Alterungsprozess, bis irgendwann die physische Hülle zerfällt und der Tod eintritt. Die meisten Menschen fürchten sich vor dieser Erfahrung, da sie das Gefühl haben, das eigene Leben zu verlieren und nicht mehr existent sein zu können. Den Tod gibt es aber in dem Sinne nicht. Er ist viel mehr ein Frequenzwechsel, eine Transformation, bei der die Seele den physischen Körper verlässt und mit all ihren gesammelten Informationen, Erfahrungen und Prägungen vom Diesseits ins Jenseits gelangt. Im Jenseits ordnet die Seele sich dann in eine energische Ebene ein. Genau wie beim Menschen gibt es auch in dieser Welt energetisch dichtere und energetisch lichtere Ebenen. Die eigene energetische Grundlage ist dabei für die Einordnung in die entsprechende Ebene verantwortlich. Menschen, die eine eher energetisch dichte Realität erzeugt haben (das sind Menschen, die viel Wut, Trauer, Leid und dergleichen verursacht haben), gelangen in energetisch dichtere Ebenen. Menschen, die eine größtenteils energetisch lichte Realität erzeugt haben (das sind Menschen, die eine harmonische und friedliche Realität geschöpft haben), gelangen in energetisch lichtere Ebenen. Je energetisch dichter die Ebene ist, in die man selbst eingliedert wurde, desto schneller wird man wieder reinkarnieren. Die Reinkarnation wird praktisch vom Universum erzwungen, um eine neue geistige Weiterentwicklung zu ermöglichen. Eine Seele, die sich in energetisch dichteren Ebenen aufhält, wird viel schneller ins Leben gezogen, da solch eine Seele noch weit aus mehr erfahren muss, sich entsprechend auch stärker entwickeln muss, als eine Seele, die eine energetisch lichte Realität erschaffen hat.

Sobald man stirbt, steigt die Seele also ins Jenseits auf. Nach Beginn dieses Prozesses begegnet man den Seelen verstorbener Familienangehöriger. Man wird von diesen Präsenzen empfangen und in den Jenseitsraum begleitet. Dort angelangt wird man in eine energetische Jenseitsebene eingeordnet. In dieser Zeit entwickelt die Seele einen sogenannten Seelenplan. Mit dem Seelenplan ist eine Erarbeitung von Ereignissen und Begebenheiten gemeint, die eine Seele im nächsten Leben erfahren möchte. Dazu zählen verschiedene Ereignisse wie beispielsweise der Geburtsort, die Geburtsfamilie (man wird von Inkarnation zu Inkarnation meist in Familien geboren, dessen Seelen uns bekannt und vertraut sind), verschiedene Bekanntschaften, diverse Erfahrungen. Es werden sogar gewisse Krankheiten von der Seele vordefiniert. Ein Mensch, der in einer Inkarnation ein massives Trauma erlitten hat, kann diese energetische Schädigung mit ins nächste Leben nehmen, um diese dort aufzuarbeiten. Genau so kann die Realität eines Menschen auch mit Karma aus vergangenen Inkarnationen konfrontiert werden. Wenn ein Mensch in einer Inkarnation sehr geldgierig war, dann kann diese Verhaltensweise im nächsten Leben wieder auftauchen. Das Ganze geschieht dann über mehrere Leben hinweg, bis man dieses selbstauferlegte Karma durch das Bewusstwerden des eigenen Verhaltens auflöst. Nachdem die Seele den Seelenplan erstellt hat, wartet die Seele auf die kommende neue Inkarnationserfahrung. Nach einer gewissen Zeitspanne inkarniert die Seele dann wieder in einem neuen Körper. Sie beginnt dann vor neuem eine menschliche Erfahrung. In dieser Zeit versucht die Seele mithilfe des neu erschaffenen Bewusstseins die vorgenommenen Erfahrungen und Begebenheiten zu erleben. Sie strebt dann wieder eine energetische Entdichtung der eigenen allgegenwärtigen Realität an. Das ganze geschieht dann so lange, bis der Reinkarnationszyklus durchbrochen wird, man wieder stirbt oder den Zyklus der Wiedergeburt erneut durchlebt. Wichtig ist an dieser Stelle noch zu wissen, das die Seele nicht alle vordefinierten Wünsche und Ziele erfährt. Es können immer bestimmte Abweichungen auftreten, die zwar nicht geplant waren, aber dennoch den Erfahrungsreichtum und die Qualität der Seele verändern. Der Reinkarnationszyklus ist ein sehr komplexes Geschehen, bei dem Abweichungen immer in Erscheinung treten können. Durch das Bewusstwerden des Reinkarnationszyklus verschwindet auch nach und nach die Angst vor dem Tod. Man ist sich bewusst, dass das eigene Leben im Grunde nie enden kann, dass man aus einer unendlich wirkenden Kraft besteht, die immer präsent sein wird. Das Leben ist unendlich und der Tod nur ein Frequenzwechsel, der die Aufgabe einer Neuorientierung und des Erfahrens eines völlig neuen Lebensabschnitts darstellt. Wir leben in einem Zeitalter, in dem es für die Menschheit noch nie so einfach war, den Reinkarnationszyklus zu durchbrechen. Aktuell herrschen für die Entwicklung der eigenen energetischen Basis und der Erweiterung des eigenen Bewusstseins die besten Bedingungen. Diese Bedingungen werden dank des kosmischen Zyklus ermöglicht.

Kapitel VI: Der kosmische Zyklus

Der kosmische Zyklus

Das erste Mal, als ich von dem kosmischen Zyklus erfahren habe, war im Jahre 2011. Zu dieser Zeit stöberte ich ein bisschen durchs Internet und bin dabei auf mehrere Artikel gestoßen, die prophezeit haben, dass wir uns derzeit am Ende eines kosmischen Zyklus befinden. Dieser wird dazu führen, dass die Menschheit ihr niederes Bewusstsein ablegt und von der dritten in die fünfte Dimension aufsteigt. Zur damaligen Zeit hatte ich jedoch noch nicht das Bewusstsein zu verstehen, was mit diesen

Artikeln gemeint war. Dennoch signalisierte mir zu dieser Zeit mein intuitiver Verstand, dass irgendetwas sehr Bedeutendes an der Thematik dran sein müsste und dass sich hinter diesem für mich unbekannten Terrain noch weit aus mehr verbergen muss. In der darauf folgenden Zeit wurde mein Bewusstsein immer wieder mit diesem Zyklus konfrontiert. Nach einer längeren Zeitspanne, in der ich mich intensiv mit diesem Zyklus und allgemeinen spirituellen und systemkritischen Thematiken auseinandergesetzt habe, verstand ich diesen allumfassenden kosmischen Mechanismus. Wie schon im Abschnitt „das Prinzip von Rhythmus und Schwingung" erklärt, wird unser Leben ständig von Zyklen geprägt und begleitet. Zyklen sind überall anzutreffen. Dabei gibt es uns vertraute kleinere und größere Zyklen. Abseits dessen gibt es aber noch Zyklen, die sich der bewussten Wahrnehmung der meisten Menschen entziehen. Einen dieser Zyklen bezeichnet man als den kosmischen Zyklus. Der kosmische Zyklus, auch das platonische Jahr genannt, ist ein 26000 tausendjähriger Zyklus, der bedeutende Veränderungen mit sich bringt. Es ist ein Zeitabschnitt, der dazu führt, dass das kollektive Bewusstsein der Menschheit sich immer wieder anhebt und senkt. Das Wissen rund um diesen Zyklus wurde uns schon von diversen früheren Hochkulturen gelehrt und ist in verschiedenen Schriften und Tempeln verewigt. Eine dieser Hochkulturen waren die Mayas. Diese extrem fortgeschrittene Zivilisation war sich um die Existenz des kosmischen Zyklus genaustens bewusst. Abseits dessen konnten die Mayas den Zyklus exakt berechnen. Auf der Grundlage dieses Zyklus wurden verschiedene Prophezeiungen überliefert. Doch nicht nur die Mayas konnten diesen Zyklus berechnen. Auch die damalige ägyptische Hochkultur verstand diesen Zyklus und berechnete diesen mit Hilfe der meisterhaft gebauten Pyramidenanlage von Gizeh. In die gesamte Pyramidenanlage wurde nämlich eine kosmische Uhr integriert. Eine astronomische Uhr, die so perfekt und präzise läuft, dass sie den kosmischen Zyklus zu jeder Zeit genaustens berechnet. Diese Berechnung erfolgt vor allem durch die Sphinx, die in Richtung Horizont blickt und dort mit ihrem Gesicht auf gewisse Sternenkonstellationen zeigt. Anhand dieser Sternenkonstellationen kann man sehen, in welchem universellen Zeitalter man sich gegenwärtig befindet. Aktuell befinden wir uns im Wassermannzeitalter. Das Wassermannzeitalter läutet immer den Beginn des kosmischen Zyklus ein. Es wird aufgrund dessen auch als das goldene Zeitalter bezeichnet.

Doch was genau geschieht eigentlich in diesem Zeitalter und was macht den kosmischen Zyklus so besonders? Im Grunde genommen beschreibt der kosmische Zyklus einen Wechsel von einer universellen dichten Realität in eine universelle lichte Realität und umgekehrt. Dieser Prozess wird dabei von verschiedenen Faktoren begleitet. Ein Faktor stellt die Eigendrehung unseres Sonnensystems im Zusammenspiel mit dem galaktischen Zentrum dar. Unser Sonnensystem benötigt ca. 26000 Jahre, um sich einmal um die eigene Achse zu drehen. Am Ende dieser Drehung tritt die Erde in eine vollständige, geradlinige Synchronisation mit der Sonne und dem Zentrum der Milchstraße ein. Nach dieser Synchronisation gelangt das Sonnensystem für ca. 13000 Jahre in einen energetisch lichten Bereich der Eigendrehung. Der energetisch lichte Bereich des Sonnensystems wird parallel dazu durch die Umrundung der Plejaden ausgelöst. Die Plejaden sind ein offener Sternenhaufen, ein innerer Teil des galaktischen Photonenrings, der von unserem Sonnensystem alle 26000 Jahre umrundet wird. Während dieser Umrundung tritt unser Sonnensystem vollständig in den hochfrequenten Photonenring ein. Das gesamte Sonnensystem bewegt sich dann durch einen energetisch lichten Bereich unserer Galaxis und erfährt dabei einen massiven energetischen

Anstieg. Während dieser Zeit erlebt der Planet mitsamt all seinen Geschöpfen einen kontinuierlichen und rapiden Anstieg des eigenen Schwingungsniveaus. Die Menschen fangen an, das Leben zu hinterfragen und erlangen dadurch eine immer konstantere Verbindung zu ihrem seelischen Verstand. Der Mensch erlangt dabei einen immer energetisch lichteren Zustand und lernt autodidaktisch eine harmonische und friedvolle Realität zu schöpfen. Aus diesen Anfängen heraus entwickelt sich die Menschheit dann wieder zu einer Hochkultur und wird sich ihrer multidimensionalen Fähigkeiten bewusst. Freie Energie, unterdrückte Technologien und unterdrücktes Wissen wird der Menschheit dann nach und nach offenbart. Das Erdenleben erlebt einen massiven geistigen Aufstieg. Die Menschheit lebt dann ca. 13000 Jahre lang in Harmonie und völligem Einklang mit der Natur. Nach ca. 13000 Jahren sinkt die energetische Grundschwingung wieder ab, da die Erde dann durch die Eigendrehung des Sonnensystems und dessen neu beginnende Plejaden Umlaufbahn in einen energetisch dichteren Bereich der Milchstraße gelangt. Sobald man diese Zeit erreicht, verliert der Planet wieder drastisch an Eigenschwingung, wodurch auch die Menschheit wieder einen energetisch dichten Zustand erlangt. Die Menschen verlieren dann nach und nach ihr erhöhtes Bewusstsein und ihre liebevolle und intuitive Verbindung zur Seele. Das Ganze geschieht dann so lange, bis die Menschheit wieder an einem Nullpunkt angelangt ist. Dies ist letztendlich der Grund für den Untergang früherer Hochkulturen. Diese ausgereiften Zivilisationen wussten, dass nach 13000 Jahren der Planet in einen energetisch dichten Bereich der Galaxie gelangt und dass sie dadurch ihr erhöhtes Bewusstsein verlieren würden. Aus diesem Grund verließen einige voll bewusste Menschen den Planeten in das unendliche Tief des Universums, um nicht von dem bevorstehenden Bewusstseinsverlust betroffen zu sein. Andere Menschen blieben wiederum auf dem Planeten. Sie glaubten fest daran, diesen Umbruch überstehen zu können, um dann den energetisch dichten Menschen ihr Wissen wieder übermitteln zu können. Zum Ende der ersten 13000 Jahre entsteht eine immer energetisch dichter werdende Frequenz, wodurch es zu immer größeren Streitereien unter den Menschen kommt, die dadurch ihre intuitiven Kräfte verlieren. Der suprakausale Verstand erlangt dann wieder eine stärkere Verbindung und führt letzten Endes zu einer massiven globalen Umwälzung. Es treten wieder vermehrt Naturkatastrophen auf, die Menschheit verfällt wieder in einen diktatorischen

Zustand, was letztendlich Auseinandersetzungen und Kriege zur Folge hat. Der Untergang der letzten Hochkultur, das Reich Atlantis, lag diesem Umstand zu Grunde. Atlantis war die letzte uns bekannte Hochkultur, die bis zum Ende des 13000 jährigen Umbruches existierte und dann an der energetisch dichten Eigenschwingung zugrunde gegangen ist. Am Ende dieser Zeit führte die sinkende planetare Schwingungsfrequenz dazu, dass bei einigen Menschen die Verbindung zum intuitiven Verstand immer schwächer wurde. Der suprakausale Verstand kam des öfteren zum Vorschein, Eigeninteressen rückten wieder vermehrt in den Fokus. Die immer energetisch dichter werdende Mentalität führte dann zu einem erneuten Umbruch. Der Zerfall der hochschwingenden Mächte war nicht aufzuhalten, der kosmische Zyklus nahm erneut seinen Lauf. Die Folge des energetisch immer dichter werdenden planetaren Umstands waren letztendlich Erdbeben, Stürme und Vulkanausbrüche, die zum Untergang von Atlantis führten. Nach dieser Zeit entwickelte die restliche Menschheit sich wieder zu einer materiell orientierten, suprakausalen Zivilisation. Die Verbindung zum seelischen Verstand verschwand allmählich und das Wissen rund um den göttlichen Urgrund ging verloren. Unwissenheit, Versklavung und niedere Ambitionen erlangten dann nach und nach wieder Präsenz auf der Erde. Dieser energetisch dichte Lebensabschnitt benötigt ca. 13000 Jahre, um sich wieder zu verändern. Die folgenden 13000 Jahre werden dann von Dunkelheit, Ängsten, Unwissenheit sowie Willenslosigkeit geprägt. In dieser Zeit finden zwar auch energetische Anstiege statt, allerdings nur sehr mäßig, was man sehr gut an dem weiteren Verlauf unserer vergangenen Menschheitsgeschichte erkennen kann. In der Vergangenheit war die Erde nur von Leid, Missgunst und Elend geprägt. Die Menschen ließen sich immer wieder von Machthabern, Diktatoren und Tyrannen versklaven. Frauen wurden vollkommen unterdrückt. Es herrschte eine schlimme Rassentrennung. Bis zur Erkenntnis und Gewinnung von moralischen Ansichten vergingen noch viele Jahrhunderte. Anfänglich herrschte eine vollkommen energetisch dichte Dominanz. Doch die Wahrheit konnte nicht auf ewig unterdrückt werden. Sie keimte auch in solch düsteren Zeiten immer wieder auf. Aus diesem Grund traten auch immer wieder Menschen in unserer Geschichte auf, die dieses Prinzip verstanden haben und uns Menschen eine andere, friedvolle Weltansicht aufzeigten. Zwei davon waren Buddha und Jesus Christus. Es war schon sehr bemerkenswert, dass es

Menschen gab, die in einer energetisch extrem dichten Zeit ein solch hohes Wissen und Bewusstsein hatten. Buddha und Jesus Christus waren im Grunde dafür vorherbestimmt, die Menschheit zu dieser Zeit neu zu prägen und in eine neue Richtung zu leiten. Die Entwicklung der Menschheit schritt von Jahrhundert zu Jahrhundert auf geistiger Ebene immer mehr voran. Das geschieht so lange, bis das Ende des 26000 jährigen kosmischen Zyklus wieder erreicht ist. Kurz vor dem Ende dieses Zeitabschnittes erlebt die Menschheit wieder einen enormen energetischen Anstieg. Das Sonnensystem gelangt wieder in einen energetisch lichten Bereich, die Menschen beginnen wieder ihre eigene Existenz massiv zu hinterfragen. Versklavende Mechanismen werden hinterfragt, die intuitive Verbindung zum göttlichen Urgrund erlangt wieder eine physische Manifestation. In dieser Zeit herrscht meist eine enorme Unruhe, denn jeder einzelne Mensch befindet sich fortan in einem energetischen Umbruch. Der Umstand, das der eigene feinstoffliche Zustand immer lichter wird, führt zu einer globalen Wahrheitsfindung und einem inneren Konflikt zwischen dem egoistischen und dem intuitiven Verstand. Dieses Phänomen wird auch in der heutigen Zeit als ein Kampf zwischen Gut und Böse, oder als Kampf zwischen des Lichtes und der Finsternis beschrieben. Im Grunde genommen ist damit nur der Übergang von einem energetisch dichten Zustand in einen energetisch lichten Zustand gemeint. Ein Konflikt, in dem man den eigenen egoistischen Verstand erkennt, nach und nach auflöst, um anschließend eine harmonische und friedvolle Realität zu schöpfen. Dieser Übergang findet in jedem einzelnen Menschen statt und macht sich auf vielfältige Weise in allen Lebensbereichen bemerkbar. Wir befinden uns gerade noch am Anfang dieses allumfassenden Zyklus. Das Jahr 2012 war das Ende und zeitgleich der Beginn des kosmischen Zyklus. Seitdem erleben wir einen rapiden energetischen Anstieg in unserer Galaxis. Die Ausläufer dafür zeigten sich schon in den letzten 3 Jahrzehnten, da in dieser Zeit wieder die ersten Menschen mit spirituellen Inhalten in Kontakt kamen. Daher entstand auch die erste Welle von Menschen, die sich mit spirituellen und esoterischen Thematiken auseinander gesetzt hat, auch wenn diese doch anfangs relativ geringe Population von Menschen belächelt wurde. Diese Menschen legten dennoch einen Grundstein für unser heutiges spirituelles Verständnis. In den Jahren 2013 – 2015 konnte man bereits sehr starke Veränderungen feststellen. Immer mehr Menschen wurden sich ihres freien Willens und ihrer

Schöpferkraft bewusst. Die Anzahl der Menschen, die für Frieden und eine freie Welt demonstrierten, nahm erheblich zu. Noch nie zuvor gab es weltweit so viele Demonstrationen wie in den letzten Jahren. Die Menschheit erwacht wieder zu voll bewussten Wesen und durchschaut die versklavenden und geistig unterdrückenden Systeme auf der Erde. Der Mensch überwindet aktuell seinen eigenen Egoismus und lernt so wieder vorurteilsfrei und in Liebe zu leben. Es ist ein Prozess, bei dem der Mensch von der Dunkelheit wieder ins Licht eintritt. Diesen tiefgreifenden Prozess bezeichnet man auch als den Lichtkörperprozess.

Der Lichtkörperprozess

Der Lichtkörperprozess ist ein tiefgreifender Prozess, der in den 80er Jahren in jedem Menschen aktiviert wurde und Auslöser für eine breitflächige, energetische Transformation ist. Es ist ein Prozess, der dazu führt, dass der Mensch sein niederes 3-dimensionales Bewusstsein ablegt und wieder 5-dimensionales Denken versteht und annimmt. Ein komplexes Geschehen, das den Menschen von einem energetisch dichten zu einem energetisch lichten Körper verhilft. Auf der anderen Seite ist mit dem Lichtkörperprozess die Ausbildung der eigenen Merkaba gemeint. Der Lichtkörper eines jeden Menschen war Jahrtausende lang inaktiv, doch aufgrund des derzeitigen kosmischen Zyklus und der daraus resultierenden erhöhten Schumann-Frequenz besitzt wieder jeder Mensch das Potenzial zum geistigen Erwachen bzw. zum energetischen Anstieg. Jeder einzelne Mensch befindet sich in diesem Prozess und erzielt dabei individuelle Fortschritte. Die Zeit, die zur Ausbildung der intuitiven Fähigkeiten benötigt wird, ist bei uns Menschen aufgrund sehr differenzierter Individualitäten unterschiedlich. Kein Geschöpf kann sich dieser kosmischen Macht entziehen. Dabei spielt es auch keine Rolle, ob man sich dessen bewusst ist oder nicht. Die Auswirkungen dieses Prozesses sind so tiefgreifend und verändernd, dass jeder davon auf sehr individuelle Art und Weise betroffen ist. Der Lichtkörperprozess wird dabei in 12 verschiedenen Stufen eingeteilt, wovon jede einzelne Stufe einen speziellen bewusstseinsverändernden Abschnitt darstellt. Der Prozess kann zum Beispiel mit dem anfangenden Interesse an Spiritualität beginnen. Man fängt an, sich zum 1. Mal mit spirituellen Inhalten zu befassen und versucht daraus Selbsterkenntnisse zu beziehen. Im weiteren Verlauf des Prozesses fängt die intensive Beschäftigung mit verschiedenen Sinnfragen an. Wo komme ich her, was ist eigentlich meine Aufgabe, was ist der Sinn des Lebens, gibt es einen Gott und wenn ja, was ist Gott? Man beschäftigt sich mehr mit dem Leben. Dabei kann es vorkommen, dass bewusst oder unbewusst verschiedene Karmastrukturen von einem selbst aufgelöst werden. Außerdem verstärkt sich in diesem Prozess die eigene Sinneswahrnehmung. Hellfühligkeit und hellsichtige Momente können immer wieder in Erscheinung treten und die eigene Weltansicht verändern. Es ist eine schwierige Zeit, in der auch häufig eine neue Selbstfindung stattfindet. Mehrmals erlebt man einen eigenen Identitätswechsel. Die Identifizierung mit dem materiellen Körper verschwindet, es tauchen immer wieder neue Identifikationen auf. Ist man der Körper, die Seele, der Geist, Gott oder ein einziges Universum? Abseits dessen fließt einem in diesem Prozess immer wieder höheres Wissen zu. Man erlangt neue Erkenntnisse und bildet auf Grundlage dieser Erkenntnisse neue Gedankengänge, die sich dann in das Unterbewusstsein integrieren und eine neue Realität bilden. Man fängt an Dinge aus einem anderen Blickwinkel zu betrachten. Dadurch kommt es zu einer immer stärkeren Verbindung zum intuitiven Verstand. Genau so erlangt man im fortschreitenden Prozess eine immer stärkere Abneigung gegen Künstlichkeiten. Unnatürliche Mechanismen verlieren für einen selber an Bedeutung. Im gleichen Atemzug verspürt man ein immer stärkeres Bedürfnis, mit der Natur im Einklang zu leben. Vorurteile und Wertungen reduzieren sich beträchtlich. In den Anfängen dieser Zeit kommt es auch häufig vor, dass Menschen, die sich einen größeren Teil dieses Wissens angeeignet haben, eine sogenannte spirituelle Überheblichkeit an den Tag legen. Man fühlt sich kurzfristig anderen Menschen überlegen und hat daher kaum noch Verständnis für Menschen, die dieses Wissen verpönen oder dieses Wissen nicht besitzen. Man fühlt sich auserwählt, zeitweise sogar elitär. Dadurch stellt man sich selbst über andere Menschen, was letztendlich aber auch nur wieder eine Phase im Lichtkörperprozess ist, die dazu dient, den eigenen suprakausalen Verstand noch etwas tiefgreifender zu erleben und zu verstehen. In diesem Prozess konvertieren sehr viele Menschen zu Vegetariern oder Veganern, da man dann erst versteht, dass es wider der Natur ist, ein Tier zu töten, um es anschließend zu verspeisen. In diesem Prozess wird auch häufig davon gesprochen, dass spirituelle und seelische Anteile absteigen und sich in die eigene Existenz integrieren. Mit spirituellen Anteilen ist geistiges Wissen gemeint. Selbsterkenntnisse, die man erlangt und die einen starken Einfluss auf das eigene

Verständnis zum Leben haben. Mit Seelenanteile sind Aspekte der Seele gemeint, die sich wieder in die eigene Realität integrieren. Wenn zum Beispiel jemand über Nacht die Eingebung bekommt, dass er die Natur schützen, anstatt mit Füßen zu treten, dann könnte man in dem Zusammenhang von einem Seelenabstieg sprechen. Denn jemand, der aus dem seelischen Verstand heraus handelt, würde niemals der Natur Schaden zufügen. Natürlich steigen in der Regel nicht über Nacht alle Seelenanteile ab. Wenn dem so wäre, dann wäre der eigene Geist massiv überfordert. Er würde aufgrund einer Reiz, Gedanken und Emotionsüberflutung sich selbst nicht mehr verstehen. Aus diesem Grund erlangt man nur nach und nach verschiedene Erkenntnisse und ausgeprägtere empathische Fähigkeiten. Das Ende des Prozesses geht mit einem vollentwickelten und aktivierten Lichtkörper daher, wodurch man dann auch wieder die Fähigkeit der physischen Dematerialisierung erlangt. Dies geschieht, da die eigene energetische Grundlage einen immer lichteren Zustand erfährt, wodurch der eigene Lichtkörper expandiert, bis er schließlich eine vollkommene Aktivierung initiiert. Jeder Mensch nimmt dabei den Ablauf und die Intensität des Lichtkörperprozesses auf individuelle Art und Weise wahr. Die einen fühlen sich körperlich häufig erschöpft und ausgebrannt, was durchaus auch zu depressiven Verstimmungen führen kann. Andere wiederum klagen über somatische Beschwerden wie zum Beispiel starke Nacken- und Rückenschmerzen. Sie haben außerdem eine erhöhte Anfälligkeit für physische Verletzungen, außerdem kommt es immer wieder zu Krankheitsrezidiven. Es gibt aber auch Menschen, die den Wandel überwiegend als schmerzfrei und psychisch befreiend erleben. Es gibt hier keine festgelegte Formel. Jeder Mensch ist Schöpfer seiner eigenen Realität. Man erfährt den Lichtkörperprozess auf ganz eigene und besondere Weise. Von daher ist es ratsam, sich auf diesen Prozess einzustellen. Denn gerade in der aktuellen Zeit erleben wir einen massiven planetaren energetischen Anstieg, wodurch unsere Lichtkörper die besten Bedingungen zur energetischen Expansion bergen. 2012 begann der kosmische Zyklus wieder aufs Neue, das Sonnensystem erhöht seitdem permanent die eigene Schwingungsfrequenz, die Menschheit bewegt sich seit diesem Zeitpunkt auf ein Massenerwachen zu. Darüber hinaus wird die planetare Frequenzerhöhung durch einen weiteren Faktor begünstigt. Dieser Faktor ist auch unter dem Namen die „Welle X“ oder auch der „galaktische Pulsschlag“ bekannt.

Der galaktische Pulsschlag

Alles in Existenz lebt, besitzt Bewusstsein, atmet, pulsiert und genau so pulsiert auch unsere Galaxis. Diesen Pulsschlag bezeichnet man auch als den galaktischen Pulsschlag. Dieser schlägt in einem Rhythmus von 26000 Jahren. Alle 26000 Jahre pulsiert unsere Galaxis. Bei jedem dieser Pulsschläge wird eine gewaltige Menge an entdichteter Energie freigesetzt. Es ist eine gewaltige Menge an hochschwingenden Partikeln, die im Kern der Galaxie freigesetzt werden und anschließend unsere gesamte Galaxie durchströmen. Diese energetische Welle besitzt ein solch entdichtetes Schwingungsniveau, dass sie das Potenzial einer enormen kollektiven Bewusstseinserweiterung birgt. Die erste Ankunft dieser galaktischen Welle erreichte uns dabei schon im Jahre 2012. Seit diesem Zeitpunkt erhöht sich die Präsenz der Welle rapide. Das kollektive Bewusstsein erlebt seitdem kontinuierliche Sprünge. Immer mehr Menschen blicken hinter die Kulissen des Lebens. Dass der galaktische Herzschlag dabei synchron zum kosmischen Zyklus läuft, ist natürlich kein Zufall. In diesem komplexen Zyklus interagieren die verschiedensten Systeme in ständiger energetischer Wechselwirkung miteinander und bilden auf diese Weise ein perfektes und in sich schlüssiges

Gesamtsystem. Nichts ist dem Zufall überlassen, alles läuft nach strikten Vorgaben und ist genaustens aufeinander abgestimmt. Kein Lebewesen kann sich dabei der galaktischen Welle bzw. des starken energetischen Anstiegs entziehen. Jeder einzelne Mensch, jedes Tier, jede Pflanze und jegliche materiellen Zustände werden mit dem Anstieg der feinstofflichen Präsenz auf irgend eine Art und Weise konfrontiert. Beim Menschen äußert sich diese erhöhte energetische Präsenz in einem enormen Anstieg der feinfühligen Fähigkeiten, wodurch er wieder eine stärkere Bindung zur Natur gewinnt. Unnatürlichkeiten bzw. energetisch dichte Mechanismen werden vermehrt abgelehnt. Natürlichkeiten rücken wieder in den Fokus einzelner Menschen. Ungerechtigkeiten werden vermehrt auf verschiedenen Ebenen erkannt, sie sind nicht mehr mit dem eigenen Geiste vereinbar. Durch den Anstieg der eigenen feinfühligeren Fähigkeiten werden auf einmal andere Dinge für einen selber relevant und unwichtige, nachhaltige Handlungen werden für einen selber zunehmend unspektakulärer. Die Menschen werden gerechter, Urteile werden immer mehr erkannt und spontan revidiert, die eigene Lebensweise ändert sich. Das Tierreich wird mehr geachtet, immer mehr Menschen setzen sich für das Wohlergehen verschiedener

Lebewesen ein. Massentierhaltungen werden vermehrt in Frage gestellt, Fastfood Ketten werden häufiger gemieden, die Umwelt erlebt wieder eine deutlich stärkere Beachtung. Der Mensch lebt nun mehr im Einklang mit der Natur. Er versteht, dass dazu ein friedliches Miteinander absolut wichtig ist. Genau so erlebt auch die Natur im Gesamten den Anstieg der feinstofflichen Präsenz. Durch die erhöhte energetische Grundschwingung gedeihen Pflanzen deutlich besser. Früchte erleben ein gesünderes Wachstum. Die Natur wird wieder geachtet und in ihrem Vorhaben zu gedeihen unterstützt, anstatt behindert. In der Vergangenheit hat der Mensch natürliche Prozesse immer nur zerstört, anstatt diese zu pflegen. Diese ausbeuterische Lebensweise findet immer weniger Anklang und erlangt daher mehr und mehr Ablehnung. Industriell ausgelöste Umweltverschmutzungen stoßen vermehrt auf Widerstand und werden von der Bevölkerung nicht mehr so ohne Weiteres geduldet. Die Menschheit erlebt derzeit einen erhöhten Anstieg der eigenen Toleranz und Akzeptanz. Menschen werden nicht mehr für ihr „Anderssein“ oder besser ausgedrückt für ihre Einzigartigkeit grundlos diskreditiert. Moralische Vorstellungen erleben eine Wende. Man selbst versteht, dass es vollkommen sinnlos ist, über das Leben oder die

Gedankenwelt eines anderen Menschen zu urteilen. Inzwischen schreiben wir das Jahr 2016, die galaktische Welle zeigt vollste Präsenz. Von Tag zu Tag erfahren mehr Menschen neue prägende Bewusstseinserweiterungen. Sie schließen sich bewusst dem kosmischen Wandel an. Aufgrund des Anstieges der eigenen feinfühligen Fähigkeiten ruft die gegenwärtige nationale und internationale Politik auch nur Kopfschütteln hervor. In der Vergangenheit war man doch tatsächlich in dem Irrglauben anzunehmen, dass in unserer Politik alles mit rechten Dingen zu geht und dass Politiker in erster Linie für unser Wohlergehen da sind, anstatt sich für andere Interessen einzusetzen. Mittlerweile verstehen aber immer mehr Menschen, dass Politik im Grunde nur eine bestens inszenierte Scheinwelt ist, unsere Politiker letztendlich nur Marionetten mächtiger Industrien und elitärer Familien sind. Das System, in dem wir uns befinden, wurde nur geschaffen, um uns Menschen in einen energetisch dichten Taumel zu halten. Das Wissen um wahre geopolitische und geschichtliche Ereignisse wird uns vorenthalten. Wir Menschen werden wie zu Zeiten des 2. Weltkrieges massiv mit Propaganda, Lügen und Halbwahrheiten überschüttet. Jahrzehntelang wurde alles blind geglaubt, was Industrien, Politiker, Konzerne und

Medien propagierten und publizierten. Diese Zeitepoche steht jedoch kurz vor ihrem Ende. 2012 und 2013 gab es den ersten deutlichen Anstieg von Menschen, die das politische Spiel durchschauten. Von Tag zu Tag werden es mehr. Diese Zeit, also die Jahre von 2012 – 2016 wurden in der Vergangenheit in verschiedenen Schriften erwähnt und auch von Sehern und Propheten prognostiziert. Sie werden auch als die Apokalyptischen Jahre bezeichnet.

Die apokalyptischen Jahre

Mit den apokalyptischen Jahren ist eine kurze Zeitspanne von Jahren gemeint, in der durch den neu beginnenden kosmischen Zyklus die Menschen eine Zeit des geistigen Erwachens erleben. Verschiedene interagierende Systeme erhöhen unsere energetische Eigenschwingung, woraufhin der Mensch sich wieder zu einem geistig freien und multidimensionalen Wesen entwickelt. Die meisten Menschen denken bei dem Wort Apokalypse in den meisten Fällen an einen Weltuntergang. Man muss aber in dem Zusammenhang verstehen, dass das Wort Apokalypse aus dem griechischen kommt und nicht Weltuntergang, sondern Entschleierung bzw. Enthüllung bedeutet. Aus diesem Grund befindet sich die Menschheit auch gegenwärtig in einer Zeit der Enthüllung, des großen

Erwachens. 2012 wurde dafür der Grundstein gelegt. Die 26000 Jahre des Zyklus waren vergangen, ein neues Zeitalter, dass Wassermannzeitalter wurde auf kosmischer Ebene wieder eingeläutet. Seit dieser Zeit erlebt unser Sonnensystem aufgrund verschiedener symbiotischer Mechanismen einen rapiden energetischen Anstieg, der von Jahr zu Jahr eine gewaltige Expansion aufweist. Dieser energetische Anstieg macht sich im kompletten Universum bemerkbar. Dies wird vor allem dann sichtbar, wenn man sich den derzeitigen kollektiven Bewusstseinszustand der Menschen anschaut. In den Jahren nach 2012 fand in den Köpfen der Menschen ein massiver geistiger Wandel statt. Die Menschheit spürte die erhöhte Schumann-Resonanz. Sie erlebte dadurch eine gesteigerte Feinfühligkeit, was dazu führte, vermehrt die Hintergründe des Lebens zu hinterfragen. Die Fragen nach dem Sinn des Lebens und der Herkunft der eigenen Existenz rückte wieder vermehrt in den Fokus. Herrschende Systeme und politische, wirtschaftliche, staatliche und mediale Interessen sowie Handlungen wurden vermehrt hinterfragt. Ein Großteil der Menschheit verstand auf einmal, dass wir im Grunde auf einem Strafplaneten leben, dass es elitäre Gruppierungen gibt, die unser Bewusstsein auf verschiedensten Ebenen eindämmen, um uns Menschen in einem unwissenden

Taumel zu halten. Die Menschen finden wieder heraus, dass man letztendlich nur Humankapital ist, dass man ausschließlich gut funktionieren muss, ohne gegenwärtig herrschende Systematiken in Frage zu stellen. Immer mehr Menschen setzen sich mit den wahren politischen Ursachen auseinander und durchschauen daher die geistig unterdrückenden Systematiken auf unserem Planeten. Natürlich sind sich die Kabalen-Familien dieser Problematik bewusst. Daher setzen sie alles daran, um uns Menschen von diesem Wandel abzuhalten. Über den energetischen Anstieg auf unserem Planeten wird konsequent geschwiegen. Falls er doch einmal von Wissenschaftlern erwähnt wird, dann nur in einem äußerst negativen Zusammenhang. Unser System ist so aufgebaut, dass uns die wahren Hintergründe bestimmter Ereignisse komplett vorenthalten werden oder dass diese Hintergründe komplett aus dem Zusammenhang gerissen werden. Aus diesem Grund findet auch derzeit ein massiver Kampf zwischen dem staatlichen, medialen Komplex und der Bevölkerung statt. Immer mehr Menschen schenken der medialen Berichterstattung keinen Glauben mehr. Sie fangen an, beide Seiten der Medaille kritisch zu hinterfragen. Die Zeiten des blinden Handelns sind vorbei, Lügen werden vermehrt entlarvt.

Die apokalyptischen Jahre haben dafür den Grundstein gelegt. Es ist nur noch eine Frage der Zeit, bis ein kompletter wirtschaftlicher, politischer und medialer Wandel vollzogen wird. Unser System ist dabei, sich zu verändern. Nach der Zeit des Erwachens werden wir in ein gerechtes und friedliches Zeitalter eintreten, eine Zeit, die als das Goldene Zeitalter angekündigt ist.

Kapitel VII: Das goldene Zeitalter

Das System im Wandel

Unser System befindet sich im Wandel. Aus energetischer Sicht betrachtet findet aber nur eine feinstoffliche Anpassung statt. Unser gegenwärtiges politisches System ist ein energetisch dichtes System, da es sehr viel Leid und Ungerechtigkeit produziert. Da die Menschen eine energetische Entdichtung erleben, können sie sich nicht mehr mit der Politik und den derzeitigen Umständen identifizieren. Viele fordern ein gerechteres System, ein System, das energetisch der eigenen Schwingungsfrequenz entspricht. Unser derzeitiges politisches System ist ein auf Unterdrückung und Hierarchie basierendes Konzept. Auf der einen Seite gibt es eine elitäre Macht. Diese sind extrem wohlhabende Familien, die die Kontrolle über das

Geld, das Öl, die Industrien, Nationen, Geheimdienste und Medien haben. Auf der anderen Seite gibt es den normalen Bürger, der von all dem nichts wissen darf und daher in einem künstlich geschaffenen Bewusstseinszustand gehalten wird. Die Staaten und Banken sind abhängig von diesen Familien, da diese eine lückenlose Kontrollfunktion über das Kapital ausüben, diverse Staaten mit Krediten abhängig von sich gemacht haben, um entscheidend in politische Prozesse eingreifen zu können. Am Ende des Tages ist das auch die Begründung dafür, warum so viele Regierungen und Politiker irrational handeln. Diese Politiker beugen sich dem System. Sie werden bestochen und manipuliert. Aus diesem Grund werden auch enorm viele Technologien unterdrückt. Der Handel von freier Energie wurde zum Beispiel in der Vergangenheit von den Rockefellers massiv boykottiert, da eine Expansion dieser Energien der Vermarktung der Ölindustrie großen Schaden in Form von Milliardenverlusten bescheren würde. Potenzielle Arzneimittel gegen Krebs werden von der Pharmaindustrie erst gar nicht produziert, da die Behandlung von Krebserkrankungen weit aus mehr Profit einbringt. Natürliche Heilmittel finden aus dem gleichen Grund kaum Berücksichtigung. Schließlich soll man auch weiterhin von der Pharmaindustrie abhängig sein. Das Wissen um den energetischen Kosmos wird auch von diesem Familien unterdrückt, denn dieses Wissen könnte die Menschheit geistig unabhängig und frei machen. Die Geschichte wurde verfälscht und teilweise auch völlig aus dem Zusammenhang gerissen. Diese Familien sind auch für eine Vielzahl von Kriegen auf unserem Planeten verantwortlich. Kriege sorgen immer aufgrund der militärischen Aufrüstung für ein Aufblühen der Wirtschaft. Außerdem kann man mit militärischen Auseinandersetzungen Länder klein halten und dadurch eigene Interessen durchsetzen. Es gab eine Vielzahl von Staaten, die sich gegen diese Art der Versklavung aufgelehnt haben und infolge dessen von der westlichen Welt mit harten Sanktionen bestraft wurden. Das nordafrikanische Land Libyen war beispielsweise sehr davon betroffen. Libyen war ein sehr wohlhabendes Land, das sehr viel für die Infrastruktur des Landes und auch viel für ihr Volk getan hat. Das Problem der libyschen Regierung bestand aber darin, sich vom Petrodollar durch die Einführung einer neuen durch Gold gedeckten Währung unabhängig zu machen. Dieses Vorhaben hätte jedoch die wirtschaftliche und politische Vormachtstellung der USA erheblich gefährdet. Dies führte dann schlussendlich zu einer „Demokratisierung“ Libyens. Durch die Medien wurden die Situation in dem Land ganz anders dargestellt. Libyen zählte fortan zur erweiterten „Achse des Bösen“, regiert von einem schrecklichen Tyrannen namens Muammar al-Gaddafi. Es wurde mit Vehemenz propagiert, dass der Westen nicht mehr bereit sei, dieses menschenverachtende System länger zu akzeptieren. Die Folge war Krieg, der im Bewusstsein der westlichen Bevölkerung ein breites Echo fand. Die Legitimation dazu waren im Grunde erfundene und verdrehte Tatsachen, die so absolut nicht der Realität entsprachen. Libyen wurde darauf hin von Nato-Staaten angegriffen, die Regierung ihres Amtes enthoben und von Schnell-Gerichten zum Tode verurteilt. Aktuell herrscht in Libyen Chaos und Anarchie. Die ganze Region dort ist total instabil geworden. Solche False Flag Interventionen, wie ich sie eben beschrieben habe, fanden schon mehrfach in der Vergangenheit statt. Um eigene wirtschaftliche und politische Interessen durchzusetzen, schrecken scheinbar einige Zeitgenossen vor nichts zurück. Es werden kurzerhand Krisensituation geschaffen, um die Zustimmung der breiten Bevölkerung zu bekommen. Für die Manipulation der Bevölkerung sorgen dann in letzter Instanz die Medien, die mit ihren manipulierten

Berichtserstattungen den Grundstein für Legitimationen legen. Militärische Auseinandersetzungen können aber niemals eine gute Sache sein. Was haben beispielsweise die beiden Weltkriege für ein Elend über die Menschheit gebracht. All das wirft sehr viele Fragen auf. Warum wird eine so große Anzahl an Waffen produziert und an Drittländer verkauft. Was veranlasst eine „christlich demokratische Partei“ die Legitimation zur Produktion von Massenvernichtungswaffen zu geben, um diese dann in Länder zu exportieren, deren Absichten ausschließlich in militärischen Auseinandersetzungen liegen. Solch eine Politik hilft ohne Skrupel potenziellen Okkupanten, legitimiert dabei Krieg und Terror. Auch Deutschland ist genau genommen kein freies Land. Deutschland wurde nach dem 2.Weltkrieg von alliierten Kräften besetzt. Dieser Besatzungsstatus wurde bis dato nicht aufgehoben. Darin liegt schlussendlich auch die Amerikanisierung unseres Landes. Die USA hat nach wie vor die Macht, massiven Einfluss auf unsere Politiker zu nehmen (im Grunde beugt sich die US-Regierung auch nur den elitären Familien, die USA hat beispielsweise massive Schulden bei diesen Familien, insbesondere bei der Familie Rothschild und deren privaten Bank Federal Reserve). Auch unsere Regierung steht ganz unter dem Einfluss dieser elitären

Kräfte. Dies sorgt letztendlich für die einseitige Berichtserstattung unserer Medien. Die Medienlandschaft wird komplett von den Kabalen in Zusammenarbeit mit den Geheimdiensten gelenkt und zensiert. Unsere Medien können demzufolge nur eine zensierte Berichtserstattung abliefern. Alles das, was nicht den elitären Vorstellungen entspricht und das Bewusstsein der Menschen erweitern könnte wird kurzerhand zensiert. Eine Systemgefährdung muss in dem Zusammenhang unter allen Umständen vermieden werden. Menschen und vor allem Prominente, die mit verschiedenen Publikationen einen erheblichen Teil zur Identifizierung des Systems beitragen, werden sofort als Verschwörungstheoretiker oder Populisten, die der rechten Szene angehören, gestempelt bzw. stigmatisiert. In den USA wurden sogar schon solche unliebsame Personen mutmaßlich umgebracht oder aber über das Mediennetz existenzgefährdend medial denunziert. Der Sänger Michael Jackson hat beispielsweise öffentlich erklärt, dass wir von elitären Familien kontrolliert werden, die ausschließlich aus wirtschaftlichen Motiven handeln. Die Resonanz darauf war für den Sänger verheerend. Michael Jackson wurde mit sexuellen Missbrauchsvorwürfen konfrontiert. Die Medienwelt veranstaltete eine wahre Hetzkampagne gegen den

Sänger. Michael Jackson war kein Einzelfall. Sogar der damalige US-Präsident J. F. Kennedy war dabei, dieses Machtspiel aufzudecken. Er erklärte öffentlich, dass es in seinem Land einen Plan geben würde, der die „Versklavung“ aller Bürger seines Landes vorsieht. Noch vor dem Ende seiner Legislaturperiode wird er diesen Plan der breiten Öffentlichkeit vorstellen. 7 Tage nach seiner Rede wurde J.F. Kennedy in Dallas/Texas ermordet. Dies verdeutlicht, dass die Eliten von verschiedenen Methoden Gebrauch machen, um ihre Strategien und Pläne erfolgreich umzusetzen. Das Wort „Verschwörungstheoretiker“ wurde dabei ganz gezielt erfunden, um die breite Masse gegen Oppositionelle zu konditionieren. Die Herkunft des Begriffs „Verschwörungstheoretiker“ stammt noch präziser eingegrenzt aus dem Arsenal der psychologischen Kriegsführung. Er wurde von der CIA im Jahre 1967 etabliert. Zu dieser Zeit gab es durch verschiedene Juristen, Forscher und Journallisten kritische Fragen zum Mord an J.F. Kennedy. Jeder, der damals an der Theorie des Einzeltäters Lee Harvey Oswald zweifelte, wurde fortan als „Verschwörungstheoretiker“ betituliert. Dadurch hielt man sämtliche Verfechter von Gegentheorien außen vor. Das Wort „Verschwörungstheoretiker“ hat sich mittlerweile tief in den Köpfen der Menschen verankert. Sobald etwas nicht dem eigenen Weltbild entspricht, wird es sofort als Verschwörungstheorie dargestellt. So haben die Kabale unwissende, menschliche „Wächter" geschaffen, die gegen jeden vorgehen, der nicht in ihrem Interesse denkt oder handelt. Genau nach diesem Prinzip wurde auch der Anschlag auf das World Trade Center durchgeführt. Mittlerweile kommen immer mehr Menschen zu der Erkenntnis, dass die Anschläge vom 11. September 2001 von der US-amerikanischen Regierung geplant und auch ausgeführt wurden. Diese Anschläge halfen der US-Regierung, verschiedene Pläne zu realisieren. Einerseits konnte man durch die Anschläge auf das World Trade Center die Überwachungsmaßnahmen im eigenen Land deutlich ausbauen. Andererseits wurde durch die Anschläge das Moslem-Feindbild erheblich potenziert, was eine willkommene Legitimation für Krieg mit dem Nahen Osten war. Dieser Krieg war ökonomisch sehr wichtig, weil die Regierung in Bagdad/Irak den internationalen Ölhandel nicht mehr in Dollar abwickeln wollte. Außerdem hatte man durch den Krieg die Möglichkeit, sich die Bodenschätze des Landes anzueignen. Uns wurde dann propagiert, das der Irak Massenvernichtungswaffen besäße, Terroristen ausbilde, den Weltfrieden gefährden würde und dass wir aufgrund der Gesamtproblematik des Landes intervenieren müssen. Jeder, der sich in dieser Folge gegen 9/11 aussprach und die von den Medien konstruierte Version der Anschläge leugnete, wurde fortan von den Politikern, Medien und der Gesellschaft als „Verschwörungstheoretiker" abgestempelt. Diese Form der geistigen Unterdrückung geht aber langsam dem Ende zu. Seit Beginn des neuen kosmischen Zeitalters lehnen sich immer mehr Menschen gegen diese systematische Versklavung auf. Früher war es so, dass die Bevölkerung alles akzeptierte, was die Regierungen propagierten. Man hatte auch kaum eine Möglichkeit, solche Dinge zu hinterfragen, geschweige denn zu überprüfen. Zur damaligen Zeit gab es nur wenige Informationsmedien. Heutzutage leben wir jedoch im Informationszeitalter. Jeder Mensch hat die Möglichkeit, sich ein eigenes Bild von Ereignissen zu machen, die eine gewisse Brisanz beinhalten. Mit der Erschließung des Internets müssen wir uns nicht mehr nach einseitigen primären Medien richten. Man kann mittlerweile autark auf eigene Faust recherchieren, um sich ein Bild von gewissen Situationen zu machen. Aktuell erleben wir überall ein Erwachen der Menschheit, verbunden mit einer gewaltigen Expansion des kollektiven Geistes. Das

System befindet sich im Wandel. Im Rahmen der Globalisierung finden immer mehr Demonstrationen für den Frieden statt. Mit der aktuellen Politik können sich immer weniger Leute identifizieren. Betrügerische Aktionen wie zum Beispiel die False Flag Aktionen in Paris, die bewusst produzierte Flüchtlingswelle in Europa oder das gefährliche Freihandelsabkommen TTIP werden von vielen Menschen entlarvt und in dem Zusammenhang auch nicht mehr toleriert. Hinzu kommt, dass materielle Güter für immer mehr Menschen an Bedeutung verlieren. Vor gar nicht allzu langer Zeit war es noch für Viele die oberste Lebensmaxime, sehr viel Geld zu verdienen, um sich materielle Güter und Luxusartikel leisten zu können. Mit dem erworbenen Wohlstand wollte man dann den Mitmenschen unbedingt imponieren. Dieser Trend ist aber mittlerweile wieder eher rückläufig. Geld scheint immer mehr an Stellenwert zu verlieren. Viele Menschen möchten aktuell ihr Leben nicht mehr nur nach finanziellen Aspekten ausrichten. Anstelle des Geldes treten ganz andere Werte wie zum Beispiel der Wunsch nach Frieden, Freiheit und Gerechtigkeit in der Welt. Da die Anzahl derer rapide zunimmt, die diese veränderten Wertvorstellungen für sich beanspruchen, wird es auch in naher Zukunft mit Sicherheit zu einer gerechteren

Umverteilung des Geldes kommen. Der derzeitige Raubtierkapitalismus geht so langsam dem Ende zu. Mit Sicherheit wird es in naher Zukunft ein gerechteres System geben. Der momentane Umgang mit unserem Heimatplaneten ist ausschließlich auf Ausbeutung und Profit ausgelegt. Die daraus ungerechte Verteilung des Wohlstands wird bald ein Ende finden. Dies ist der Beginn einer neue Zeit, die sehr friedvoll sein wird. Der energetische Wandel wird sich auf alle Daseinsebenen auswirken. Das kollektive geistige Erwachen ist unaufhaltsam und wird uns letzten Endes in das Goldene Zeitalter hineinführen.

Das goldene Zeitalter

Das goldene Zeitalter fand schon mehrfach in unserer Menschheitsgeschichte Erwähnung. Gemeint ist damit eine Zeitepoche, in der weltweit Frieden, finanzielle Gerechtigkeit und der respektvolle Umgang mit unseren Mitmenschen, den Tieren und der Natur herrscht. Es ist eine Zeit, in der die Menschen wieder im Einklang mit der Natur leben und dadurch eine friedliche und harmonische Welt schöpfen können. Der kosmische Zyklus und alle daraus resultierenden Mechanismen begründeten den Anfang dieser Zeit. Seit dem bewegt sich die Menschheit auf dieses Zeitalter zu. Schätzungen zu Folge soll das goldene Zeitalter zwischen 2025 und 2032 beginnen. Ich persönlich bin der festen Überzeugung, das dieses Zeitalter im Jahre 2025 vollkommen eingeläutet wird. Bis zu dieser Zeit befinden wir uns weiterhin in einer Zeit des Umbruchs. Immer mehr Menschen setzen sich mit den wahren Hintergründen ihrer Existenz auseinander. Dadurch zweifeln sie immer mehr die globale Politik an. Die Zeit des Erwachens ist stürmisch. In den nächsten Jahren werden wir mit extrem global verändernden Ereignissen konfrontiert werden. In dieser Zeit wird dann nach und nach ein "System-Change" stattfinden. Das kapitalistische System wird eine gerechte Umwälzung erleben. Die Menschen werden feinfühliger und anderen Lebewesen gegenüber gerechter. Technologien wie zum Beispiel die freie Energie, diverse unterdrückte Heilmittel, Element-Transmutation (die Umwandlung von Elementen in andere Elemente), sauberes Trinkwasser, natürliche, chemisch freie Lebensmittel werden uns dann wieder zugänglich gemacht. Außerdem wird das gesamte durch die Kabale gesteuerte System entlarvt und offen gelegt. Das weltweit gesponnene Netz aus Lügen wird uns offenbart. Wir Menschen werden dadurch eine geistige Freiheit erlangen, die wir zu dem jetzigen Zeitpunkt nicht einmal erahnen können. Man kann sich nämlich kaum vorstellen, wie groß der Schein ist, der über uns errichtet wurde. Selbst die spektakulärsten Actionfilme und Geschichten, die mit viel Fantasie und Kreativität verfasst wurden, haben im Vergleich zu unserer wahren Menschheitsgeschichte keine große Bedeutung. Das Ausmaß der Verschleierung und der Lügen ist derart gewaltig, dass es für einen normalen Menschen kaum nachzuvollziehen ist. Der Menschheit werden Dinge verschwiegen, die einen in Grund und Boden erschüttern können. Das wir von elitären Familien dominiert und in geistiger Umnachtung gehalten werden, gehört dabei für mich persönlich zu den kleineren Lügen. Wie wäre es zum Beispiel, wenn ich Dir erzähle, dass die Sonne eigentlich kalt ist, dass die Wärme nur durch die Reibung mit der Erdatmosphäre entsteht oder dass die Erde bedingt hohl ist und Eingänge besitzt, die in ein Reich führen, das von ganz besonderen Zivilisationen besiedelt ist. Wie wäre es zum Beispiel, wenn du erfahren würdest, dass es unzählige außerirdische Zivilisationen gibt, die das derzeitige Erdenspiel verfolgen und uns teilweise bei unserem Aufstieg unterstützen. Wie wäre es, wenn du erfahren würdest, dass die 2 Weltkriege komplett von den Kabalen geplant wurden und dass Adolf Hitler dämonisiert wurde, weil er den Plan der Kabalen-Familien offen legen wollte. Die meisten Menschen würden solche Thesen belächeln, weil dies Dinge sind, die das eigene Weltbild zu stark erschüttern würden. Begebenheiten, die einem selbst nur abstrakt und unwirklich erscheinen. Es wird noch ein paar Jahre dauern, bis all dies in das Bewusstsein der Menschheit rückt. Genau so war es im Jahre 2013. Anfänglich wussten nur wenige Menschen über die Kabalen Intrigen Bescheid. Von Monat zu Monat wurden es aber explosionsartig mehr, mittlerweile kenne ich kaum noch Menschen, die nichts von diesen globalen Hintergründen wissen. Wir schreiben mittlerweile das Jahr 2016. Ich erlebe, dass ich selber mit immer mehr Menschen in meiner Realität konfrontiert werde, die diese massiven Lügen durchschaut haben und auch offen legen. In ein paar Jahren werden diese Lügengebilde großflächig entlarvt sein. Ich werde dann nur noch mit Menschen konfrontiert werden, die sich über diese Begebenheiten bewusst sind. Diese globale Entlarvung ist sehr wichtig, um die Menschheit geistig vollkommen frei zu machen. Denn erst wenn der Mensch selbst das Ausmaß der Lügen begreift, wird er verstehen, welches geistiges Potenzial in ihm ruht. Das goldene Zeitalter ist nur ein Katzensprung entfernt. Es wird nicht mehr lange dauern, bis die Präsenz dieses Zeitalters unser kollektives Bewusstsein vollständig erreicht. In 10 Jahren werden wir uns in einem gerechteren System wiederfinden. Die Individualität eines Menschen wird dann vollkommen geschätzt und respektiert werden. Kriege, Leid und Hungersnöte wird es dann nicht mehr geben, global wird nur noch Frieden herrschen. Dieser Zustand hat dann eine Manifestation von ca. 13000 Jahren. Erst dann werden wir wieder in eine Phase des Umbruchs gelangen, eine Phase, in der die Menschen wieder ihre multidimensionalen Fähigkeiten verlieren werden. Dieser Zeitabschnitt liegt aber noch in weiter Ferne. Bis dahin sollten wir uns darüber freuen, dass wir in ein friedliches und gerechtes Zeitalter eintreten werden.

Weltweiter Frieden

Der wichtigste Aspekt dieser Zeit wird vor allem der weltweite Frieden sein. Vor 5-6 Jahren fand ich die Vorstellung des weltweiten Friedens noch sehr utopisch. Meine Annahme war, dass der Mensch von Grund auf egoistisch sei und dass Krieg ein Phänomen ist, das uns Menschen immer begleiten wird. Kriege sind aber keine zufällig entstandenen Ereignisse. Sämtliche Kriege auf unserem Planeten sind nur aus politischen und wirtschaftlichen Eigeninteressen heraus entstanden. Es ging dabei immer nur um Geld, Ausbeutung von ökologischen Ressourcen, Unterdrückung und die Durchsetzung strategischer Ziele. Krieg ist ein gewolltes Mittel, um das kollektive Bewusstsein einzugrenzen. Im Grunde also ein zerstörerisches Instrument, das unseren Planeten über Jahrtausende in einer energetischen Dichte gehalten hat. Das Führen von Kriegen funktioniert in dem Zusammenhang aber nicht mehr. Immer mehr Menschen durchschauen die wahren Hintergründe jedes einzelnen Konflikts. Die planetare Eigenschwingung erhöht sich dramatisch, Kriege werden bald keine Bedeutung mehr haben. In ein paar Jahrzehnten wird weltweiter Frieden herrschen. Die Menschheit wird wieder in Liebe und in Freiheit leben. Es wird eine Zeit sein, in der man die Individualität eines jeden Menschen zu schätzen gelernt hat. Dies wäre auch die Grundvoraussetzung, um weltweiten Frieden zu erlangen. Man sollte verstehen, dass jeder einzelne Mensch ein ganz besonderes und einzigartiges Geschöpf ist. Jeder Mensch ist Schöpfer seiner eigenen Realist und jeder Mensch besteht aus der gleichen immer währenden energetischen Struktur. Dabei ist es auch nur von sekundärer Bedeutung, was ein Mensch aus seinem Leben macht, was er fühlt, was er denkt, welche sexuelle Gesinnung er hat, welcher Religion er angehört, was für eine körperliche Beschaffenheit er aufweist, welche Ambitionen ihn in seinem Leben antreiben. Jeder Mensch verdient in seiner Einzigartigkeit einen sehr respektvollen Umgang. Wir haben nicht das Recht, andere Menschen zu verurteilen oder gar zu diskreditieren. Wir sind alle eins. Wir sind Seelen, die die Erfahrung einer dualitären Inkarnation erleben, um aus diesem Prinzip des Lebens zu lernen. Jeder einzelne Mensch besitzt dabei wundervolle Fähigkeiten. Er ist Mitgestalter der kollektiven Realität und der planetaren Begebenheiten. Aus diesem Grund ist auch Gewalt zur Durchsetzung des Friedens völlig deplatziert. Mit Krieg und Gewalt kann man keinen Frieden schaffen, weil das gegen sämtliche universelle Gesetzmäßigkeiten verstößt. Gewalt erzeugt nur weitere Gewalt, was sicherlich nicht Wegbereiter einer freien Welt ist. Wie sagte einst Buddha:" Es gibt keinen Weg zum Frieden, denn Frieden ist der Weg." Dieses Zitat trifft im Grunde den Nagel auf den Kopf. Wenn wir selbst anfangen, eine friedliche und harmonische Realität zu schöpfen, dann tragen wir diesen Gedanken in die Welt hinaus. Das kollektive Bewusstsein erweitert sich durch unsere Einstellungen und unsere Intentionen. Wenn man selbst Frieden verkörpert und fühlt, dann ist das der beste und effizienteste Weg, um eine friedliche Welt zu erschaffen. Wir sollten uns auch keine Sorgen machen, dass es nicht zu diesem friedlichen Weltreich kommt. Der kosmische Zyklus und die daraus resultierende Schwingungserhöhung sind unaufhaltsam. Egal welche Strategie die Kabalen auch anwenden, der Prozess ist nicht zu stoppen. Das goldene Zeitalter sowie der damit einhergehende weltweite Frieden sind unumgänglich. Wir sollten uns daher nicht fürchten, sondern uns freuen, dass wir in diese Zeit inkarniert sind und dass wir diesen zyklischen Umbruch miterleben dürfen. Wir sind alle in einer sehr spannenden Zeit hinein geboren worden, ein Zeitabschnitt in dem wir die größten Umwälzungen der Menschheitsgeschichte miterleben dürfen. Von Tag zu Tag erwachen immer mehr Menschen. Das kollektive geistige Niveau erlebt ständig neue Sprünge. Wir sollten mit voller Spannung und Vorfreude die kommenden Jahre erwarten. Das goldene Zeitalter wird bald beginnen. Ab diesem Zeitpunkt werden wir einen planetaren Umstand erleben, der von Liebe, Harmonie und Gerechtigkeit geprägt ist. Es ist nur noch eine Frage der Zeit.

Schlusswort

Zum Schluss dieses Buches möchte ich mich bei all den Menschen bedanken, die einen Teil ihrer kostbaren Zeit meinem Werk gewidmet haben. Derzeit befinden wir Menschen uns in einer Phase der Neuorientierung. Wir sind ständig damit beschäftigt, alte Schemata abzulegen, um neue positive Werte im eigenen Geiste legitimieren zu können. Wir sind alle einzigartige Wesen. Ich hoffe, dass dieses Buch deinen Erkenntnisreichtum bzw. dein Bewusstsein auf irgend eine Art und Weise erweitern konnte. Dennoch ist es mir sehr wichtig anzumerken, dass ich dieses Buch nicht geschrieben habe, um anderen Menschen meine Meinung aufzuzwingen. Jeder Mensch ist Schöpfer seiner äußeren Umstände und jeder Mensch besitzt die Fähigkeit der freien Entscheidung. Jeder Einzelne kann und muss selbst entscheiden, wie er mit den Informationen dieses Buches umgeht, ob er diese verurteilt, belächelt, annimmt, hinterfragt oder sich sachlich in aller Ruhe damit auseinander setzt. Ich habe auch in keinster Weise den Anspruch, dass andere Menschen meinen Worten blind Glauben schenken sollten. Es ist im Leben immer sehr wichtig, sich eine eigene Meinung zu bilden, um eine eigene Ansicht zum Leben und zu vielen Lebensfragen zu bekommen. Mit diesem Buch möchte ich lediglich meine eigene Ansicht und meine persönliche Gedankenwelt schriftlich zum Ausdruck bringen. Ich möchte meinen Mitmenschen eine individuelle Sichtweise zum Leben aufzeigen. Jeder Mensch ist einzigartig und jeder Mensch schreibt in seinem Leben seine ganz individuelle Geschichte. Jeder besitzt eigene, faszinierende Ansichten zum Leben. All das, was ich in diesem Buch geschrieben habe, entspricht meiner festen Überzeugung und meiner Vorstellung vom Leben. Seit nun 25 Jahren lebe ich auf diesem Planeten. In dieser Zeit durfte ich so einiges erleben und erfahren. Die Zeitspanne, in der ich dieses Buch geschrieben habe, war dabei eine intensive und erkenntnisreiche Zeit. Dieser Abschnitt meines Lebens hat viel Kraft und Energie gekostet. Es lag mir sehr am Herzen, dieses Buch zu schreiben. Dennoch bin ich am Ende des Tages genau so wie du nur ein Mensch, der in dieses kosmische System hineingeboren wurde, um von diesem gewaltigen Konstrukt zu lernen. Ich bin kein Esoteriker, Mystiker, Systemkritiker, Verschwörungstheoretiker, Prediger, Dogmatiker oder Sonstiges. Ich bin lediglich ein junger Mensch, der seine Gedankenwelt schriftlich zum Ausdruck gebracht hat, um diese mit anderen Menschen zu teilen. Ich hoffe dennoch tief im Inneren, dass Euch mein Werk gefallen hat und ich Euer Leben auf irgend eine Art und

Weise bereichern konnte. In diesem Sinne verabschiede ich mich und beende das Buch mit den Worten, die ich am Ende meiner verschiedenen Artikel immer benutzt habe: „Bleibe gesund, zufrieden und lebe ein Leben in Harmonie.“

Quellenverzeichnis und weiterführende Literatur

Literaturverzeichnis

Axel Stoll, Arno Mannich: Das Wissen um die wahre Physik. Bis heute unterdrückt, Berlin 29. April 2005

Reindjen Anselmi: Der Lichtkörper. Ein Überblick über den globalen Transmutationsprozess, Schweiz 10. August 2013

Bildquellenverzeichnis

Abbildung 1 - Torus, "tetraplexicon", https://tetraplexicon.wordpress.com/, 30.08.2015

Abbildung 2 - Logarithmische Spirale, "btarski", https://en.wikipedia.org/wiki/File:Logarithmic_Spiral.png, 02.09.2007

Abbildung 3 - Goldene Spirale, "Dicklyon", https://commons.wikimedia.org/wiki/Spiral, 17.03.2008

Abbildung 4 - Blume des Lebens, "AnonMoos", https://commons.wikimedia.org/wiki/File:Flower-of-Life-small.png, 12.04.2013

Abbildung 5 – Platonische Körper, " Cdang", https://commons.wikimedia.org/wiki/File:Des_polyedriques.svg, 27.05.2015

Abbildung 6 – Metatron Würfel, "Barfly2001", https://commons.wikimedia.org/wiki/File:Metatrons_cube.svg, 24.08.2007

Abbildung 7 - Fraktal, "Wolfgangbeyer", https://de.wikipedia.org/wiki/Fraktal, 04.12.2006

Front Cover – Infinite Worlds, "Simma14", https://trendinghuman.wordpress.com/2015/09/01/infinite-worlds/, 01.09.2015

Weitere Quellen

Foster Gamble, Kimberly Carter Gamble: Thrive – Gedeihen, Thrive Movement https://www.youtube.com/watch?v=-pRfGVHU_Qg, 05. April 2012

Patrice Pooyard: Das Geheimnis der Pyramiden, Suchende Freunde der Wahrheit https://www.youtube.com/watch?v=qnXkgxFC30s, 23.November 2013

17953354R00109

Printed in Poland
by Amazon Fulfillment
Poland Sp. z o.o., Wrocław